KB237649

일상성의 뜻 찾기 1

신혼 여행의 사회학

권귀숙

문학과지성사

문화 마당 기획위원

오생근 / 정과리 / 성기완

문지스펙트럼 4-008

신혼 여행의 사회학

지은이 / 권귀숙
펴낸이 / 김병익
펴낸곳 / 문학과지성사

등록 / 1993년 12월 16일 등록 제10-918호
주소 / 서울 마포구 서교동 363-12호 무원빌딩 4층 (121-210)
전화 / 편집부 338)7224~5 · 7266~7 팩스 / 323)4180
영업부 338)7222~3 · 7245 팩스 / 338)7221

제1판 제1쇄 / 1998년 10월 9일

값 4,500원
ISBN 89-320-1028-5
ISBN 89-320-0851-5

신혼 여행의 사회학

신혼 여행의 사회학

기획의 말

　별체(別體) 기획물 '일상성의 뜻 찾기'의 첫 권으로 『신혼여행의 사회학』을 내면서 우리는 이 기획이 한국 학문의 깊은 병 하나를 치유하는 작은 계기가 되기를 희망한다. 그 깊은 병이란 삶과 지식의 심각한 이격(離隔)을 가리키는바, 현대 한국 학문의 기본틀이 그 시원에서부터 서양의 그것을 통해 구성되었다는 데에 뿌리를 두고 있다. 실로, 서양 강대국들의 제국주의적 정복으로부터 시작된 '세계 체제'의 형성은 단순히 기술과 문명뿐만 아니라 문화와 예술과 학문 등 정신적 영역 일체마저도 서양의 방식으로 재편되게끔 하였으니, 그날 이후 한국 학문은 삶으로부터 출발하지 않고 힘센 나라의 학문으로부터 출발할 수밖에 없는 희비극적 운명에 놓이게 되었던 것이다. 그리고 그 과정의 심화는 한국 사회의 현상을 바르게 분석하기보다 이식된 개념틀을 그 위에 덧씌우고, 그럼으로써 삶과 지식 사이의 거리를 더욱 벌어지게 만드는 우울한 결과를 야기했던 것이다.

　그러나 그렇다고 해서, 한말 이전의 전통적 사유의 틀로 되돌아가는 것은 이제는 무망한 일이 되어버렸다. 왜냐하면 변한 것은 지식뿐 아니라, 우리의 삶 전체이기 때문이다. 실로, 우리는 낡은 벽지처럼 우중충하고도 완강한 전통적 삶의 바탕 위에 현란하게 쏟아지는 외래적 삶의 내용과 형식들이 평화로운 안식의 공간을 만들지 못하고, 새되고 요란한 불협화음을 폭발시키는 정신적·물질적 아수라의 한복판을 아등바등 살아내고 있는 중이다. 그러니, 우리는 옛날로 되돌아갈 것이 아니라, 복합적 구성물로서의 현재의 일상 그 자체를 중심에 두고 전래된 사유들과 빌려온 지식들을 강력하게 용접시킴으로써 우리의 현실을 바르게 이해하고 극복할 수 있게 해줄 제3의 개념틀과 방법론을 개발해야만 하는 것이다. 그리고 그러기 위해서는 '무엇보다도 일상으로부터'라는 명제를 앞자리에 놓지 않을 수 없으니, 일상이 바로 '한국에서 학문하기'의 복잡성 혹은 곤혹성의 심연이기 때문이며, 또한 학문이란 스스로를 즐기기보다는 삶의 이해와 증진이라는 학문 본래의 텔로스에 근접해야 하기 때문이다. 연속 기획 '일상성의 뜻 찾기'는 따라서 한국인이 나날이 접하는 삶의 구체적 편린들을 테마로 삼아, 그것의 발생 과정과 존재 의미와 바람직한 방향을 심도 있게 분석하고 전망하고자 한다. 그럼으로써 이것이 한국인의 삶을 바르게 이해하는 데 기여할 뿐만 아니라, 서양 학문의 개념을 수입하는 데 급급

한 한국 지식계에 잔잔한 각성의 파문을 일으킬 수 있기를 바라 마지않는다.

'일상성의 뜻 찾기'는 '문지스펙트럼' 내에서 별도의 줄기를 갖는다. 아시다시피, '문지스펙트럼'은 7개의 영역으로 나누어져 있는데, '일상성의 뜻 찾기'는 그 중 어느 한 영역에 속하지 않고 주제 혹은 제재의 성격에 따라 몇 개의 영역들에 다양하게 분포되는 횡단 편집의 형태를 취할 것이다. 우리가 '별체 기획물'이라는 조어를 만들어 사용하는 소이가 여기에 있다. '별체'란 글의 본문 도중에 "글이나 글씨가 별다르게 된 체"(『우리말 큰사전』)를 뜻하는 것으로서, 영역들을 가로지르며 비스듬하게 연결된 이 책들의 사슬에 그 이름이 적절하다 하겠다. 덧붙여 '문지스펙트럼' 기획위원들은 이와 같은 별체 기획물을 몇 종류 더 준비하고 있음을 알린다.

1998년 9월
기획위원

책머리에

이 글은 한 권의 '사회학' 저서로 읽기에는 소프트하고, '신혼 여행' 이야기로 읽기에는 좀 딱딱할지도 모르겠다.

우선 일반 독자들은 왜 당사자만이 고이 접어둬야 마땅한 그 '신비'를 파헤쳐야 하는지, 그리고 그것이 '사회학'이란 이름으로 말해질 수 있는지 물어보고 싶을 것이다. 신혼 여행을 다녀온 적이 있는 나로서도 활기 찬 신세대 신혼 부부의 꿈이나, IMF 체제로 심신이 고달픈 '구혼 부부'의 아름다운 추억이 그대로 간직되기를 바란다. 그러나 우리 사회에서 대부분의 젊은 세대들이 이미 신혼 여행을 다녀왔거나 앞으로 다녀올 것으로 우리가 기대하고 있다면, 신혼 여행은 단지 한 커플만의 고유한 경험이기보다는 하나의 '사회 현상'으로 사회학자들은 보게 되는 것이다. 한 사회학자가 근대를 '탈신비화 *disenchantment*'의 과정이라고 했듯이, 사회학의 작업은 이처럼 신비를 벗기는 과정이 불가피하게 필요한 것임을 이해해주었으면 한다.

그러나 신혼 여행이 일생의 딱 한 번 있는 사건임을 미루어보면, 신비를 '벗기는' 작업도 신혼 부부들에게 현실적으로 도움이 될 수 있을 것이다. 또한 행복한 환상 아래 약간이라도 실망스러웠던 신혼 여행의 추억을 갖고 있는 '구혼 부부'에게도 위안이 될 수 있을 것이다.

벗지 않으려는 신·구혼 부부를 위한 이러한 나의 바람과 꿈에도 불구하고 내게는 '사회학'을 만들어야 하는 또 다른 현실적인 책임이 있다. 즉 신혼 여행의 신비 속에 감춰진 사회 실체를 밝혀야 한다. 이 글은 양쪽에서 오는 이러한 유형·무형의 압력 속에서 태동했다. 신혼 여행이 그렇듯이, '꿈'과 '현실' 사이의 타협의 산물이다.

이 글은 이론 중심으로 다룬 사회학 저서들과 달리 현장 중심으로 다루었다. 사회학자들이 지루해할지도 모를 정도로 디테일한 묘사에 신경을 썼다. 나로서는 이 글을 통해 '딱딱한 사회학'으로부터 또 하나의 '신혼 여행'을 시도한 셈이다. 그럼에도 불구하고 부드러움과 딱딱함의 타협이 불가피했다. 그런 의미에서 『신혼 여행의 사회학』은 '사회학의 신혼 여행'인지도 모르겠다. 어쨌든 나의 어설픈 '신혼 여행'은 이제 끝이 났다. 태어난 '허니문 베이비'가 독자들로부터 환영을 받았으면 하는 바람이다.

이 책이 태어나게 하는 데는 많은 '조산원들'의 도움을 받왔다. 먼저 이 글을 '중매'선 정과리 선생님과 문지스펙트럼 편집자 여러분들에게 감사드린다. 성실히 자료를 수집해준 나의 학생들, 개인 면담과 설문에 기꺼이 응해준 신·구혼 부부, 안내 기사, 관광지 상인, 호텔 직원, 공항 직원 등에게 도 감사의 뜻을 전하고 싶다. 마지막으로 예리한 통찰과 다함없는 신뢰로 격려해준 남편에게 이 글을 증정한다.

1998년 9월

권 귀 숙

차례

들어가기 전에

호젓한 곳에서 둘만의 시간을 많이 갖고 싶어요. (미혼, 호텔 직원, 남자)

해외로 가고 싶고요. 평소에 맛보기 어려운 색다른 경험을 하고 싶어요. (미혼, 호텔 직원, 여자)

해외로 배낭 여행을 떠나고 싶다. 특히 프랑스에 가고 싶다. (미혼, 대학생, 남자)

국내도 좋고, 해외도 좋지만, 친구 같은 남편과 일부러 고생을 하면서도 신세계를 탐구하고 싶어요. (미혼, 대학생, 여자)

저도 그렇지만 요즘 서울에서는요, 사람이 많지 않은 곳을 가려고 해요. 동남아에 있는 무인도에서 단둘만이 있고 싶어해요. 선배들을 보아도 그렇고, 사람이 없는 곳에 가고 싶어하고, 단둘만 있는 곳을 가고 싶어해요. 그렇지 않으면 유럽 배낭 여행을 가고 싶고요. (미혼, 대학생, 여자)

신혼 여행은 위험하고 낯선 곳에서 신혼 부부의 생존력과 친화력을 강화시키려는 유목 민족의 풍습에서 나왔다고 한다. 미국에서는 1850년대 결혼식 이후 시골에 사는 친척이나 친구의 방문에서 시작되었다고 한다.[1] 이후 교통의 발달로 먼 거리의 신혼 여행이 가능해지고, 둘만의 사랑의 여행으로 진전된 것이다. 첫날밤을 각시방이나 새신랑방에서 보내던 우리 사회에도 일본 식민지 시대 때 신식 결혼이 소개되고, 그리고 신혼 여행이 들어왔다. 처음에는 소수만이 누렸던 이 특별한 여행은 결혼식처럼 점점 당연한 과정으로 퍼져나갔다. 이제 우리 사회에서도 신혼 여행은 누구에게나 일생 중 가장 아름다운 꿈과 추억으로 받아들여지고 있다.

누구나 가는 신혼 여행이 왜 그렇게 신비스러운가? 왜 그렇게 신혼 여행을 가고 싶어할까? 왜 신혼 여행이라는 말만 들어도 가슴이 설레는 것일까? 그 3~4일의 짧은 시간이 그렇게 특별한 의미를 가질까? 왜 신혼 여행의 앨범은 일생 동안 두고두고 읽히면서 다른 의미와 느낌을 줄까? 많은 사람들 앞에서 보여주는 결혼식에서부터 갑자기 둘만의 시공간으로 넘어가는 것 때문일까? 누구라도 알지만, 신랑·신부

---

1) Stephen Kern, *The Culture of Love: Victorians to Modernese*, Cambridge: Harvard University Press, 1992.

밖에 모르는 첫날밤의 비밀이 숨어 있기 때문일까? 이 엄청난 인생의 전환이 또 한 사람의 인생의 전환과 만나야만 이루어지기 때문일까? 미혼도 아니고, 기혼도 아닌, 그 어중간한 위치에서 끊임없이 경계를 넘어가보는 그런 연극적 요소 때문일까? 이국적인 경치, 색다른 경험과 탐험, 특이한 문화를 접할 수 있는 여행과 관광 때문일까?

나는 신혼 여행의 기다림부터 시작하여 출발, 여행지 도착, 첫날밤, 관광, 돌아오는 길, 추억에 이르기까지 신혼 여행의 한 코스를 쫓아다니면서 신혼 부부가 펼치는 드라마를 이해해보려고 한다. 신혼 여행의 문화적 코드는 무엇일까? 신혼 부부의 상징적 행동은 코스의 각 과정에 따라 어떻게 나타날까? 아직도 연인들처럼 행동할까? 어릴 적부터 보아온 엄마, 아빠의 흉내를 서투르게 내고 있을까? 아니면 마음대로, 멋대로 전혀 다른 행동을 하는 것일까? 이미 몸에 밴 결혼 전 영역과 결혼 후 영역 사이에서 두 사람은 어떻게 결합의 의례를 통과할까? 결정된 프로그램도 없는데 어떻게 드라마를 완성시킬 것인가? 나는 신혼 부부들이 만들어가는 신혼 여행이란 작품 속에서 우리 사회의 사랑·성·결혼·가족·문화를 이해하고자 한다.

나는 이러한 관심에 따라 우선 신혼 여행에 관한 경험적인 자료부터 모으기 시작했다. 관광 인류학에서는 연구자가 관광객의 행동을 참여·관찰하는 방법과 관광객의 일기·사진을 모아서 분석하는 방법을 쓰고 있는데,[2] 전자의 방법은 외부적 관점 *etic perspective*, 후자의 방법은 내부적 관점 *emic perspective*에서 보는 것이라 할 수 있다.[3] 외부적 관점(체계 외부의 기준에서 보는 것)에서 신혼 부부의 행동을 관찰하면, 그들 스스로도 느끼지 못하는 태도나 행동의 특성을 파악할 수 있을 것이고, 내부적 관점(체계 내부의 기준에서 보는 것)에서 접근하면 신혼 부부 스스로가 신혼 여행을 어떻게 의미화하고 있는지 이해할 수 있을 것이다. 나는 신혼 여행의 다양한 특성을 다각적으로 이해하고자 이 두 관점을 교차시키려고 하였다.

1996년 여름부터 1997년 여름까지 나는 직접 공항, 관광지, 쇼핑 센터, 호텔 등지에서 신혼 부부의 행동을 관찰하였고, 신혼 부부와 시간을 많이 보내는 안내 기사, 상인, 호텔 직원, 공항 직원 등과의 면담을 통하여 간접 관찰을 시도하였다. 이 과정에서 사진을 직접 찍기도 하고, 안내 기사가 찍은 다소간 전형적인 신혼 부부의 사진들을 모으기도 하였다. 그리고 같은 기간 내에 제주도로 온 신혼 부부들과 직접 면

---

2) 넬슨 그래이번, 「관광 인류학」, 전경수 편역, 『관광과 문화──관광 인류학의 이론과 실제』, 까치, 1987.

3) Victor Turner, "Social Drama and Stories about Them," *Critical Inquiry*, vol. 7 # 1, 1980.

담하기도 하고, 간단한 질문을 담은 설문지 조사도 시도하였다. 이미 결혼한 부부들의 신혼 여행의 경험담도 면담과 설문지 방법으로 조사하였다. 기타 신문, 여성 잡지, 소설, 인터넷 등을 통하여 신혼 여행에 관한 여러 배경 자료나 경험담을 모으기도 하였다.

이렇게 모은 자료를 중심으로 나는 신혼 여행의 다양한 의미와 문화적 특성들이 무엇인지, 그리고 그러한 특성들이 신혼 여행의 각 과정——기다림에서 추억까지——에 따라서 어떻게 달라지는지를 찾아볼 것이다. 연구의 폭은 오늘날 제주에서 볼 수 있는 신혼 여행이 중심이 된다. 이 글의 관심은 이러한 구체적인 신혼 여행의 사례를 통하여 신혼 여행의 특성을 알아보려고 하는 것이어서 신혼 여행의 변천 과정, 또는 다른 사회의 신혼 여행과의 비교는 거의 다루어지지 않는다. 또한 주로 경험적 연구에서 시작하여, 그러한 경험적 사실을 이해해보고, 해석하거나 설명해보려고 할 것이다. 따라서 기존 이론에 준거한 가설을 증명한다거나, 어떤 이론적인 틀에 의하여 경험적 사실을 맞추어보려는 작업은 거의 하지 않을 것이다. 다만 본문을 마치면서 기존의 사회학이나 인류학 등에서 나온 이론과 경험적 연구에 비추어 우리 사회의 신혼 여행의 특성은 어떠한지를 조명해보려고 할 것이다. 이부분은 이론 작업에 관심이 있는 독자들을 위한 것이다.

　앞서 말한 것처럼 본문에서 나오는 경험적 자료는 위의 방식으로 모은 것이다. 직접·간접으로 신혼 부부를 관찰한 것, 또는 신혼 부부, 안내 기사, 상인, 호텔 직원 등과 직접 면담한 것, 기타 참고 자료들은 본문의 내용에서 소개될 것이다. 1996년 11월 제주도의 곳곳에서 실시된 설문지 조사의 경우, 비슷한 답변을 모아서 정리하기도 하였고, 답변 그대로를 도표로 만들기도 하였다.

　다음은 설문지 조사의 경우만 한정하여 그 배경에 관한 내용을 정리한 것이다. 신랑·신부의 교육 정도, 직업, 나이, 결혼 형태, 연애 기간(연애 결혼한 부부만)에 관한 문항을 정리한 것인데, 본문의 도표를 읽는 데 참고가 되리라고 본다.

신혼 여행중인 경우: 총 104부(중매 결혼: 8부, 중매 반 연애 반: 4부, 연애 결혼: 92부)

직업(직업 분류는 응답자의 응답 내용에 기초함)

	신랑	신부
사업, 자영업	18	10
회사원	54	36
공무원	9	6
전문직	2(목사, 의사)	2(의사, 간호사)
교직	2	7
기능직	8	2
기타	7(군인, 학생, 농업 등)	11(백화점 직원, 학원 강사, 생산직, 농업, 학생)
무		23
파악 못 함	4	7
합	104	104

교육

	신랑	신부
대학원졸	4	
대졸	49	34
전문대졸	8	11
고졸	39	52
중졸	1	
파악 못 함	3	7
합	104	104

나이

	신랑	신부
21~23세		4
24~26세	7	51
27~29세	54	42
30~32세	32	2
32~34세	5	
35세 이상	2	
파악 못 함	4	5
합	104	104

연애 기간(연애 결혼한 부부)

1~6개월	5
6개월~1년	12
1~2	22
2~3	18
3~5	16
5년 이상	18
파악 못 함	1
합	92

1. 신혼 여행의 꿈

나는 어느 계절의 어느 때에도 서귀포 '파라다이스'의 '허니문 하우스'에서 신혼 여행 온 부부들을 만나게 된다. 막 손질한 머리와 방금 맞춘 듯한 깔끔한 양복의 신랑, 꽃신까지 감춘 긴 한복 치마와 화려한 장식이 새겨진 예복을 차려입은 신부. 머리에서부터 발끝까지 똑같은 옷차림의 신랑·신부. 누가 말해주지 않아도 신혼 부부임을 금방 눈치챌 수 있다. 신혼 부부들은 안내인을 따라 '허니문 하우스'의 긴 산책로를 손을 맞잡고 걸어간다. 그리고 안내인이 지정해주는 장소에서 역시 지정해주는 포즈에 따라 사진을 찍는다. 바다를 배경으로 서로 마주보는 사진을 한 장 찍기 위해 때로는 길다랗게 줄을 서서 기다려야 한다. 아무리 오래 기다릴지라도 그 장소에서 그 포즈로 사진을 찍어야 한다. 실외 커피숍에서도 테이블 위의 장미 한 송이를 두고 사진 찍기는 계속된다. 작은 장미 한 송이는 이 테이블에서 저 테이블로 옮겨지고 있지만, 차 한잔 나누어 마시며 눈을 맞추고 있는 신랑·

신부는 보이지 않는다. 다음 촬영 장소로 재빨리 사라지는 그 자리에 또 다른 신랑·신부의 키스 신이 계속된다.

그 골치 아픈 혼수 장만, 예물 준비, 양가 부모들간의 소리 없는, 때로는 파혼 직전까지 이르는 신경전, 난생 처음으로 친척과 친구들 앞에 서서 주인공이 되는 긴장된 결혼식, 시댁 식구에게 드려야 하는 신부의 폐백, 흉잡히지 않게 온 정성을 다 기울였던 이바지 음식. 그렇지만 이 절차가 지나면 신혼 여행이 있다! 사소한 다툼은 있었어도 신혼 여행에 관한 대화는 가슴을 울렁거리게 한다. 여행이다! 집을 떠난다! 제주도 여행이든 사이판 여행이든 그 동안 못 가본 곳으로, 미지의 세계로 떠나본다. 평소에 가기 어려운 호텔 객실, 나이트바, 맛있는 음식, 돈 걱정을 뒤로하고 마음껏 사치해볼 수 있는 시간, 그것도 아무도 없는 단둘만이. 이 들뜨게 하는 여행이 없다면, 누가 그 골치 아픈 결혼식을 치를 것인가? 신혼 여행의 꿈은 솜사탕처럼 결혼에의 꿈도 부풀려준다.

신혼 여행은, '일생에 단 한 번뿐인' 신혼 여행은 결혼식처럼 무엇이든지 최고로 하리라. 최고로 알려진 호텔에 머물면서 최신의 여행 코스를 돌면서 토착 음식도 맛보며 최대의 추억을 만들리라. 먼 훗날에도 잊지 못할 추억을 사진에 남기면서 우리의 사랑과 행복을 확인하리라. 신부를 공주처럼, 여왕처럼 모시면서 뽀뽀도 해주고 업어도 주리라. 처음 가보는 새로운 관광지를 구경하면서 이국적인 정취를 마음껏 맛보리라. 실컷 돈을 써서 대범한 남자가 되어보고, 요것조것 선물을 준비해서 알뜰한 여자임을 과시해보리라. 서로 손가락을 걸고 앞날을 그려보며 약속을 다짐하리라. 그리고 밤이 오면, 나누어 마신 한 잔의 와인과 사랑의 눈빛에 취하여 첫날밤을 치르리라. 손가락에 침을 발라 문구멍으로 초야를 들여다보던 영화의 한 장면은 기억에 희미하지만 삐걱거리는 침대 소리는 결혼식의 마지막 절차가 지나가고 있음을 알려주리라.

오늘날 예비 신랑·신부들이 들려준 신혼 여행의 꿈은 영화의 한 장면을 연상시킨다. 아무도 없는 무인도 섬에서 단 둘만이 존재한다. 그러나 그 둘만을 위해 따뜻한 오두막도 맛있는 음식도 감미로운 음악도 준비되어 있다. 아무도 없는 곳이지만 속삭이듯 말하고 은밀하게 사랑을 노래한다. 신혼 여행이 아니라면 결코 이루어지지 않을 그림 같은 장면이다. 신혼 여행은 우리 사회와 문화에서 상상할 수 있는 가장 아름다운 꿈일 것이다. 모든 것이 다 가능한 여행이리라. 유럽을 맨발로 다닐 수도 있고, 외딴 작은 섬에서 모닥불을 지필 수도 있으리라. 오늘은 호주의 코알라와 장난칠 수 있고, 내일은 에펠 탑을 몰래 올라가볼 수 있으리라. 「에델바이스」 노래를 부르며 알프스의 장관을 구경할 수도 있고, 이름 모

를 해변가에서 모래성을 쌓을 수도 있으리라. 새처럼 하늘을
날 수도 있고, 노란 줄무늬의 물고기와 함께 춤출 수도 있으
리라. 신혼 여행의 꿈은 모든 것을 가능하게 하는 마술과
같다.

2. 먼 기다림

신혼 여행은 일본 식민지 시대 때 '신식 결혼'이 들어온 이후 우리나라에 소개되었다. 왕세자 이은과 이방자 여사와의 최초의 일본식 혼례 이후 일본 혼례가 소개되고, 그 후 기독교식 혼례가 들어오면서 신식 결혼이 등장했다.[1] 1930년대에는 벌써 예식장이 들어서고, 연미복 입은 신랑과 하얀 치마, 저고리를 입고 면사포로 얼굴을 가린 신부가 어린아이들이 앞서 뿌려놓은 꽃잎을 밟으며 입장할 수 있었고, 그 장면을 흑백 사진으로 남길 수도 있었다.[2]

1927년 6월 3일 오후 5시 경성 공회당
임성운군(의사)과 현석란양(교사)의 결혼식 장면

---

1) 박혜인, 「한국 전통 혼례의 연속과 단절」, 이효재 외 지음, 『자본주의 시장경제와 혼인』, 또하나의문화, 1991.
2) 윤석남, 「사진첩 속의 결혼들」, 『결혼이라는 이데올로기』, 현실문화연구, 1993, 사진 참고.

1931년, 영빈관의 어느 '신식 결혼식,' 신식 결혼식은 확산되어가는 데 비하여 신혼 여행은 아직 소수만이 누리는 특권으로 남아 있었다.
사진 출처: 윤석남, 「사진첩 속의 결혼들」, 『결혼이라는 이데올로기』, 현실문화연구, 1993.

먹물 안내판, 각계각층에서 보내온 화환, 주례는 풍채 좋은 신문사 사장, 경건하고 장엄한 웨딩 마치, 하얀 비단 치마, 저고리를 입은 신부, 예복 입은 신랑, 그 곁에는 상고 머리한 신랑 들러리, 흰 비단옷 차림의 신부 들러리, 선녀같이 깨끗하고, 매화 같은 신부 입장, 피로연, 자동차로 온양 온천 출발, 들러리들은 영등포까지 배웅.[3)]

김인문과 오관숙이 시내로 들어가고 단둘만 남게 되자 임성운은 한 팔로 석란의 등을 감았다.

"퍽 피곤하지?"

"네, 좀……"

"정말 고될 거야."

"똑같죠 뭐."

"하하하하, 나도 고될 거란 말이로군. 그래요, 좀 피곤해."

임성운은 팔에다 지그시 힘을 주면서 가만히 하품을 삼켰다.

"오늘밤은 그만둘 걸 그랬나봐요."

"어딜? 온천 말야?"

"네, 너무 늦지 않았어요?"

"신부를 위해선 좀 미안하지만 이래야 신혼 맛이 나지."

"………"

---

3) 박화성, 『벼랑에 피는 꽃』의 내용 중 요약하여 재수록.

"열두시 좀 넘으면 온양에 닿을 테니까 탕에 들어가서 푸욱 몸을 풀고 내일까지 잠만 자면 피곤이야 풀리겠지만 지금이 고되서 그렇지."

임성운은 서쪽으로 기울어져 있는 달을 보고 또한 그 아련한 빛에 싸여서 바람같이 뒤로만 달아나는 선로의 풍경에 눈을 주면서,

"벌써 수원도 지냈으니까 절반쯤만 가면 돼. 지금 열시 반쯤 됐지?"

하고 석란의 손목을 잡아서 시계를 들여다보았다.

"꼭 맞았군. 자, 내게 좀 비겨요."

임성운은 석란의 가슴을 뒤로 밀었다. 뭉클한 촉감이 전류처럼 찌르르 어깨에 치밀었다.

"전 괜찮아요."

몸을 바로하려는 석란의 팔을 낚아채며 임성운은 신부의 이마에 뺨에 입술에 키스의 세례를 퍼부었다.

"이날 이 순간을 가지려고 몇 해를 내가 참아왔던가?"

차악 나라진 그의 음성은 흥분과 감동에서 목이 잠겼다.[4]

(박화성, 『벼랑에 피는 꽃』, 한국 문학 전집, 삼성당, 1993, pp. 561~62)

그러나 신식 결혼이 들어온 초기에는 서민들에게까지 신혼 여행이 보편화된 것 같지는 않다. 1917년에 경기도에서

태어나서 1935년부터 서울에서 거주한 한 할머니는 해방 전까지 서울에서도 신식 결혼이 드물었고, 신혼 여행은 대단한 집 아니면 별로 가지 않았다고 회고한다. 1955년 당시 서울에서 가장 유명했던 ‘종로 예식장’에서 결혼식을 올린 한 할머니는 1930년대와 크게 차이나지 않는 복장과(신부는 하얀 치마 저고리와 면사포를 썼고 신랑은 연미복을 입었다) 의례 절차로 혼례를 올렸지만, 신혼 여행 대신 신랑의 고향으로 곧장 출발하였다고 한다. 신혼 여행이 반드시 치러야 하는 결혼식의 한 과정이라기보다는 특별한 사람만이 누릴 수 있는 사치스러운 선택으로 인식되었다.

그렇지만 이 신비한 허니문은 결혼식의 마지막 절차로 급격히 확산되어 1960년대에는 신혼 여행 코스가 자리를 잡기 시작하였다. 당시 대부분 중매로 만난 신랑·신부는 빌린 자동차나 대중 교통 편을 이용하여 멀지 않은 곳으로 신혼 여행을 떠날 수 있었다. 신부는 폐백 때 입은 파란 저고리와 빨간 치마를 입고, 신랑의 뒤를 조심스럽게 따라다녔다. 인천, 천안, 부산 해운대, 경주 불국사, 온양 온천 등에는 택시 기사들이 시발 택시를 반짝반짝 윤이 나도록 닦아서 그들을 기다리고 있었다. 물론 관광지 곳곳에서는 바가지 요금이 기다리고 있었고, 처음 가보는 고급 여관이나 호텔은 낯설기만 하였다.

이제 1998년, 그 동안 신혼 여행은 정착된 정도를 넘어 패

키지 등으로 상품화되었고, 최고의 신혼 여행지였던 제주도
는 1990년대에 들어서면서 해외 관광지에 밀려나기 시작하
였다. 신혼 부부를 유치하기 위한 각종 광고가 쏟아져나오
고, 여행사의 가격 파괴 경쟁은 종종 TV 프로그램에서 특집
으로 다룰 정도가 되었다. 1997년 제주의 새해 TV 뉴스에서
는 신혼 부부를 더 많이 유인하기 위한 호텔의 계획이 보도
될 정도였다. 그러나 1998년, IMF 시대로 접어들면서 보다
많은 신혼 부부들이 다시 제주도로 밀려오기 시작했다(제주
일보, 1998년 9월 20일). 무엇보다 신혼 여행은 비싼 비용과
그 이상의 대가를 치르더라도 가야만 하는, 가지 않으면 결
혼식이 마쳐지지 않는 것으로 확실히 인식되었다.

반드시 가야 하는 신혼 여행의 먼 기다림에서 기대하는 것
은 무엇일까? 바로 "신혼 여행이란?" 질문에 대한 여러 느
낌, 생각들이 아닐까? 그 기대의 색채는 신혼 여행이 소개된
이후 오늘날까지 예비 신랑·신부가 머릿속에 떠올릴 신혼
여행에 대한 의미 부여일 것이다. 1996년에 제주를 찾은 신
랑·신부의 신혼 여행에 대한 기대는 "새롭고 신기한 것을
관광"하면서 "사랑을 고백하고" "그 고백을 듣고 싶고" "앞
날을 다짐"하는 "행복한 시간"을 가지며 "최고의 추억을 남
기는 것"이었다. "기대가 없다"고 대답한 신랑·신부도 있지
만, 그래도 신혼 여행을 온 것이다. "특별한 기대는 없다"고

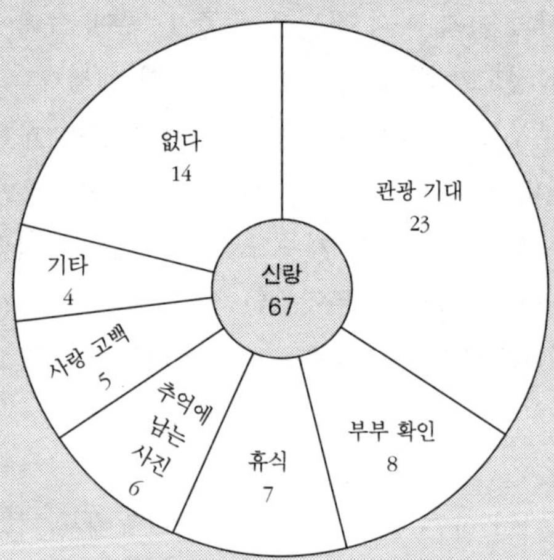

관광 기대(23) : 새롭고, 신기한 것 관광, 놀러 간다.

부부 확인(8) : 둘만의 시간, 행복한 결혼 설계, 동반자, 신부가 영원히 나를 마스터 *Master* 라고 생각해주기를.

휴식(7)

추억에 남는 사진(6)

사랑 고백(5) : 사랑한다, 달콤한 기대.

기타(4) : 첫날밤(2), 기념 차원, 고생 끝.

없다(14) : 기대는 없고 남의 눈 때문에 왔다, 다하는 것이니 기대가 없다, 특별한 기대가 있다기보다는 그냥, 드디어 신혼 여행을 가게 되는구나 하고 생각했다.

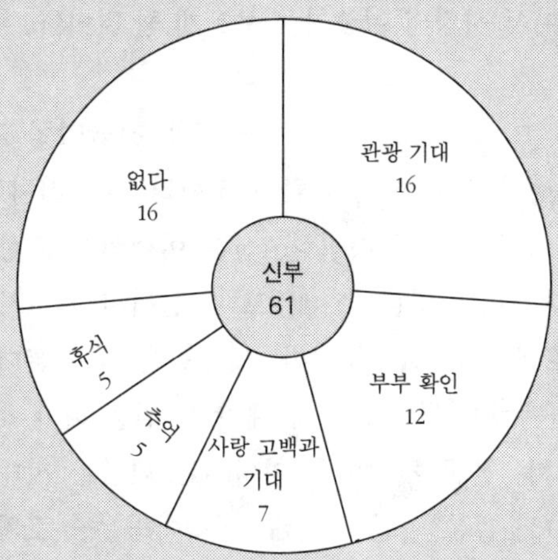

관광 기대(16): 관광, 낭만적 여행, 재미있게 놀자.

부부 확인(12): 둘만의 시간, 나의 의견 존종, 신랑의 적극적 행동, 남편 선택의 확인, 미래에 대한 서로의 약속 다짐, 행복하게 살고, 싸우지 말자, 이 남자를 확실히 잡겠다, 성질 죽이기, 영원히 지켜주세요.

사랑 고백과 기대(7): 너만을 영원토록 사랑해, 사랑한다는 말을 듣고 싶음, 사랑 확인, TV에서 보여지는 낭만적인 말이나 행동을 남편한테 기대했다.

추억(5): 사진, 최고의 추억, 추억을 남기기 위하여.

휴식(5)

없다(16): 없다, 이미 둘이서 여행을 많이 했다.

말하지만, 결혼식의 마지막 과정이라는 신혼 여행의 가장 중요한 의미는 알고 있는 것이다. 그 과정 동안 꿈같은 첫날밤을 치러야 하고, 추억을 남길 관광도 하게 되는 것이며, 배우자와 단둘이서 사랑의 이중창을 부르게 될 것이다.

I. 첫날밤을 기다림

신혼 여행이 결혼 의례의 한 과정이라면, 치러야 할 일은 둘만의 육체적 결합일 것이다. 신혼 여행의 중요한 의미는 각시방이나 새신랑방(주로 제주도 지역)에서 치러지던 초야를 낯선 곳에서 치르는 것이다. 첫날밤을 꼭 치른다고 말하는 것은 결혼식을 치르듯이 꼭 해야 할 일을 해야 하는 것이기 때문이다. 물론 첫날밤을 기다리는 마음은 시대에 따라 다를 것이다. 일본 식민지 시대, 여행이라는 것조차 생소했던 어린 신랑·신부가 기대하는 첫 경험과, 중매로 만나서 서로 서먹서먹한 1970년대의 부부가 상상하는 성 경험과, 오랜 만남으로 서로 친숙해진 1990년대의 신세대 부부가 꿈꾸는 첫날밤의 그림은 다를 것이다. 그림은 달라도 그 옛날 영화에서 나오는 초야의 의식은 여전한 것이다.

옛날 영화를 보면 잔치가 끝난 각시 집의 한 방에는 간단한 음식상이 차려져 있고, 촛불이 깜박깜박하는데, 족두리를 튼 새각시는 한쪽 구석에 미동도 없이 앉아 있다. 새각시는 아프도록 팔을 들어올려 늘어진 저고리 자락으로 얼굴을 가리고 있다. 볼에 찍은 연지가 아니라도 각시는 부끄러워하고 있고, 새서방은 바짝 얼어 있다. 동네 아주머니들이 새로 바른 창호지에 거침없이 구멍을 내어 들여다보며 킥킥 웃고 있다. 각시의 어머니는 "서방이 하는 대로 죽은 듯이 가만히 있어라"고 그 전날 단단히 일러준 터이고, 장가간 새서방의 친구들도 이미 한마디씩 작전을 일러준 터이다.

이제 족두리가 아니라 면사포를 쓸 것이고, 각시방이 아니라 낯선 여관이나 호텔이 되겠지만, 얼굴만 조금 익힌 신랑·신부에게는 첫날밤의 기다림은 각별하였을 것이다. 성교육도 제대로 받지 못하고 야한 비디오도 보지 못하고 피임법도 개발되지 않았던 시기, 남자 구실과 여자의 순결이 증명되어야 하는 첫날밤이었다면 두려움과 부담스러움이 호기심보다 강했을 것이다. 그러한 것이 증명되지 못했을 때, 부부 불화나 이혼으로 이어지는 이야기들이 1960년대까지만 해도 자주 들을 수 있는 이웃 아주머니들의 수다였다고 한다.

1970년대에 들어오면서 연애 결혼이 서서히 증가했지만 첫날밤의 신화는 여전히 친구들간의 재미있는 일화로 남게 된다. 1970년대 중반에 짧은 만남 이후 결혼한 한 쌍은 서로 성 경험이 없었다고 한다. 대학을 졸업한 신랑은 성에 관한 책을 닥치는 대로 읽으면서 준비했다고 하지만, 첫 시도는 실패하였다. 여행 둘째 날은 둘 다 그 생각으로 초조, 불안해서 전혀 제주의 자연 경관이 눈에 들어오지 않았다고 한다. 초조하고 불안한 기다림은 아니었지만, 1980년대에 들어서서 중매로 결혼한 한 남자는 친구들로부터 "남자 구실을 잘하라"는 압력을 많이 받았다고 한다. 성은 남자에게서 바로 남자 구실을 의미하는 것이었고, 특히 신부에 대한 첫 시도는 앞으로의 남은 결혼 생활 전부의 주도권을 건 일대의 도박이었을 것이다. 두렵고, 부담스러워하면서도, 호기심으로 기다리던 첫날밤의 신화는 1996년 제주를 찾은 한 신랑·신부에게도 남아 있었다. 목석원에서 만난 이 신랑은 "자매가요, 너무 두려워해서 첫날밤을 꼬박 지새웠어요"라고 전한다. 가톨릭 신자로 보이는 신부는 신랑이 이 말을 전하는 동안 내내 신랑의 어깨에 고개를 파묻으면서 어쩔 줄 몰라하고 있었다.

그러나 두려움이라는 첫날밤의 빛깔은 1996년 제주를 찾은 다른 신랑·신부에게는 보이지 않았다. 첫날밤의 기대에 대한 설문지 문항에 대답한 신랑·신부의 거의 절반 가까이가 "첫날밤에 대한 기대는 전혀 없었다"라고 간단히 대답하였다. 신혼 여행의 가장 신비로운 순간인 첫날밤을 기다리지 않다니! 그 중에는 첫날밤, 또는 초야라는 말조차 대단히 생소하게 듣는 이도 있었다: "초야요? 우리는 러브라고 하는데." "약간의 호기심이라도 없었느냐"는 등 여러 가지로 유도 질문을 해보아도 신랑·신부는 고개를 흔들며 "기대가 없었어요"라고 말한다. 그 이유를 그들은 "여행을 전에도 여러 번 했거든요"라거나, "동거를 2년쯤 하고 식을 올렸어요"라 거나, 아예 "3년 전에 이미 치렀죠"라고 말한다. 그렇지만 그들은 신혼 여행지에서 첫날밤을 보내기 위하여 신혼 여행을 왔다! 성 풍속의 변화로 긴장감, 불안감 등의 빛깔은 약해졌지만, 결혼이라는 관문을 통과하는 초야의 의식은 여전한 것이다. 어떤 신랑은 "이미 치렀지만, 그래도 첫날밤은 무언가 다를 것 같다"는 그 무엇을 기대하고 있었다. 그 기대는 변함없는 초야의 의례와 그 의례에 대한 의미 부여일 것이다.

1. 경험담 모음에서(1978∼1995년. 중매 결혼: 3부, 연애 결혼: 25부)

중매 결혼	신랑	걱정
	신부	걱정, 막연
연애 결혼	신랑	굉장한 기대, 설렘, 걱정, 없다
	신부	신비, 부끄러움, 두려움, 떨림, 로맨틱, 환상적, 막연

2. 1996년 제주에서

중매 반 연애 반	신랑	기대, 호기심, 걱정, 웃음, 없다
	신부	두근두근, 웃음, 없다, 무응답
연애 결혼	신랑 · 신부 공동 대답	없다(38쌍), 무덤덤, 담담, 자연스럽다, 요즘 시대는 그런 기대가 없다, 피곤하니 자자, 살다가 왔다, 이미 치렀다, 연애를 오래했다
	신랑	걱정, 호기심, 큰 기대, 아들, 신비, 호텔 분위기, 황홀, 긴장, 흥분, 짜릿함
	신부	설렘, 걱정, 기다림, 짜릿, 떨림, 좋겠다, 모르겠다, 긴장, 두근두근, 낭만
기타		무응답, 질문 못 함

　　1978~1995년 사이에 신혼 여행을 다녀온 신랑 · 신부는 아직도 그때의 "두려움" "떨림" "설렘" "막연"했던 감정을 기억하고 있었다. 신랑이 주로 걱정하고 있었다면 신부는 "엄청 부끄럽고" "조금 불안하기도 하고" "겁이 나기도" 했다고 전한다. 물론 1996년도에 제주에서 인터뷰한 신랑 · 신부도 초야인지 러브인지 모르는 첫날밤에 대한 기다림이 여전히 핑크빛임을 말해주고 있다. 신랑은 "어떻게 할까" "어떻게 해야 잘하나"를 "걱정"하고 "긴장"하면서 "짜릿"하고 "황홀"한 느낌을 기대하고 있었고, 신부는 가슴이 "두근두

근”하는 “떨림”과 “설렘”을 기다리면서 “영화처럼 낭만적이고 아름다울 것”이라는 “막연”한 느낌을 갖고 있었다. 신부의 기대의 빛깔은 설렘과 떨림이 여전히 강하다면 신랑의 빛깔은 걱정과 긴장이 더 강하게 보인다. 신부는 그 기대에 맞추어 속옷과 잠옷을 준비해 왔고, 속살이 아련아련 비치는 야한 옷도 준비해 오기도 했다. 신랑 중에는 술이나 ‘개소주’나 ‘영양제’를 준비해 오기도 하였다. 첫날밤의 기다림, 그 기다림의 모습은 다양해도 어제도, 오늘도, 내일도 결혼의례가 있는 한 계속될 것이다.

II. 여행을 기다림

　신혼 여행은 집을 떠나는 것이다. 집 밖의 세상에서 무엇인가 새로운 것을 보고, 신기한 일들을 경험할 수 있다. 신혼 여행은 여행 중에서도 시간, 교통, 경비를 종합해서 최고로 갈 수 있는 코스를 선택할 수 있지 않은가! 때로는 주어진 시간, 주어진 경비를 넘어서 가장 기억에 남을 여행을 기다릴 수 있다. 온천물이 정말 따뜻할까? 부산 해운대의 경치는 정말 장관일까? 제주도는 환상적일까? 호주의 ‘피너클스’가 볼 만하다고 하던데. 고급 스포츠를 즐겨볼까? 태국 가면 섹스 쇼를 보아야지. 1996년 제주를 찾은 신혼 부부의 경우, 그 어떤 기대보다도 관광에 대한 기대가 가장 높았다.

해외 여행 가기 어렵잖아요? 이 기회에 해외 여행 가보는 거죠. (1994년 태국 여행, 신부)

성에 대한 기대는 거의 없어졌을 거예요. 결혼 전에도 같이 여행을 다녀오곤 하니까요. 신혼 여행은 신나게 놀려고 가는 것 같아요. (1994년 사이판 여행, 신부)

관광에 대한 기대가 컸죠. (1995년 태국 여행, 신랑)

제주도는 여러 번 왔어요. 이제까지 가보지 않았던 마라도나 다른 섬을 돌아보려고 왔어요. (1996년 제주 여행, 신랑)

별 기대 없구요. 그냥 쉬기 위해서 가까운 제주로 왔어요. (1996년 제주 여행, 신랑)

관광을 보다 더 기다리게 된 데에는 상업주의도 한몫을 단단히 했다. 신혼 부부를 유혹하는 광고는 일간 신문에서 쉽게 볼 수 있다.

"환상적인 허니문" "사랑하는 사람과 새로운 추억을 만드는 신혼 여행" "달콤한 신혼 여행" "첫날밤은 편안하게, 실속 있는 신혼 여행" "신비의 땅" "소중한 추억을 제주에서" "완전한 사랑을 향한 첫 발자욱" "신혼 여행, 휴가, 레저의 천국으로 모십니다"

신혼 부부는 무엇보다 여행과 관광을 기다린다. 광고는 그 기대를 한껏 높여준다.

이러한 유혹적인 문구와 더불어 제주도로 갈 수 있는 경비면 해외로 갈 수 있음을 알리는 치열한 여행사의 가격 파괴 경쟁을 볼 수 있다.

"유럽 6개국, 10일, 1,790,000" "놀라운 가격, 오스트리아, 스위스행 6일, 999,000" "허니문 베이비 보너스 잔치, 방콕, 푸켓 5일, 769,000" "허니문 특별 보너스 증정, 괌, 4일, 699,000" "실속 여행, 호주, 뉴질랜드, 8일, 1,190,000" "찬스! 단 1회, 제주도 3일, 580,000"

여행사마다 내어놓는 특별 보너스는 "호텔 1박 무료, 와인 바구니 증정, 면세점 할인 혜택, 가방 증정, 월드 타임 카드 증정, 웨딩 포토 20% 할인, 여권 사진 무료, 축하 꽃다발, 수영장/사우나 이용권, 리무진 제공" 등 종류도 다양하다. 한 항공사는 다음과 같이 새로운 상품을 개발하였다.

1996년 9월~12월까지 ○○○○항공을 이용한 방콕, 푸켓—방콕, 파타야로 신혼 여행을 다녀오신 분들 중 허니문 베이비를 가지신 10쌍을 추첨하여 서울—방콕 왕복 항공권을 드립니다.

여행사의 광고를 보면 신혼 여행은 신비, 환상, 사랑, 낭만, 달콤, 편안, 여유가 가득 찬 천국에서 특별한 추억을 만드는 데 불과 60만 원도, 80만 원도, 100만 원도 되지 않는 경비면 가능하다. 게다가 할인에 특별 보너스도 있다. 학교 다닐 때, 지리 시간에서나 들을 수 있었던 그 스위스, 호주, 발리, 사이판, 하와이 등등에 갈 수 있다니! 일생에 한 번인데, 이 기회에 안 가보면 언제 가보나. 신혼 여행은 무엇이든지 새 것이어야 하니까, 새로운 곳, 가보지 않았던 곳으로 가보아야지. 그 새로운 것에 대한 기대는 결혼식보다도 기다려지는 것이다.

들뜨게 하는 여행사의 광고는 보다 친절하고 자세하게 여성 잡지 등에서 소개, 설명되고 있다. "해외 신혼 여행" 가이드 난에는 "사랑하는 사람과 새로운 추억을 만드는 신혼 여행. 가장 저렴한 경비로 가장 효과적인 여행 방법"을 여권 수속에서부터 할인 항공 요금, 숙박 시설, 교통, 여행 코스에 이르기까지 자세히 알려주고 있다(『여성자신』, 1993년 3월; 『신부』, 1996년 9월). 정보는 아무래도 신혼 여행의 폭을 넓혀 주는 동시에 새로운 곳으로 겁 없이 갈 수 있게끔 충동질해 준다. 이제는 인터넷까지 동원하여 각종 정보를 얻을 수 있다. 인터넷을 동원하면 문화, 풍속에 이르기까지 가고 싶은 곳의 모든 정보를 한눈에 볼 수 있다. 신기한 풍경에 특이한 풍속이 화면에 가득 차면 직접 가서 보고 싶은 욕망은 더 커지게 마련이다.

이제 신혼 여행은 '허니벤처'라는 새로운 단어까지 만들어 내면서 더 '짜릿하고' 모험적인 여행으로 달리고 있다. 은밀한 밀어나 앞날에 대한 기다림은 '안락한 여행'에 속하고 '짜릿한 추억'을 위한 모험적인 여행을 설계해야 새롭고, 고급스러운 여행이 된다. 허니문과 어드벤처 *adventure*를 합성하여 만든 허니벤처는 스쿠버 다이빙, 윈드 서핑, 승마, 급류 타기, 제트 보트 등등인데 이러한 모험을 위하여 예비 신랑·신부는 미리 수영장이나 뚝섬에서 기초를 익히고 있다고 한다(중앙일보, 1996년 10월 8일). 유니텔의 '신혼방'에는 이미 허니벤처를 다녀온 신부가 그 신나는 경험을 소개하고 있다.

발리에는 골프, 테니스, 스쿼시, 농구, 배구, 배드민턴, 양궁, 윈드 서핑, 카약, 비치 발리볼 정도의 스포츠를 무료로 할 수 있고, 운동화만 있으면 돼요. 다른 도구랑 공은 다 공짜로 빌려주고, 할 줄 모른다고 하면 가르쳐주기까지 하죠…… 우리나라에선 준비가 힘들고, 강습료가 비싸고 기회가 없어서 해보지 못했던 스포츠를 모두 맛볼 수 있어서 좋아요. (유니텔, 1996년 6월 19일 게재)

신혼 여행의 기대는 관광을 넘어 모험의 세계로 가지만,

신혼 여행은 무엇이든지 새로운 것이어야 한다는 새로운 것 찾기, 좀더 남과 다른 것, 좀더 고급스러워 보이는 것 찾기는 그대로 남아 있는 듯하다. 이에 맞추어 여행업계는 끊임없이 새로운 상품을 개발해준다. 유럽 배낭 여행을 위한 '허니문 배낭' 상품, 레저 스포츠를 즐길 수 있는 '허니벤처' 상품, 바다에 떠다니는 호텔을 선보이는 '크루즈' 여행 상품 등 이름도 새로운 상품이 계속 등장한다(중앙일보, 1997년 2월 12일). 새로운 여행은 신혼 여행이 아니라도 할 수 있는데, 신혼 여행의 또 다른 기다림은 무엇일까?

Ⅲ. 둘이 함께함을 기다림

보통 여행과 달리 신혼 여행은 결혼식을 마친 후, 공식적인 부부로서의 첫 나들이다. 중매로 만났거나, 오랜 연애 끝에 결혼을 했거나간에 성인 남녀가 하루 24시간 꼬박 함께 시간을 보내야 한다. 이제 공식 배우자와 더불어 먹는 것, 입는 것, 사는 것, 자는 것 등 일상 생활의 하나하나의 습관에 서로 길들여져야 한다. 부부가 되는 첫 연습을 신혼 여행중에 해야 하는 것이다. 함께 여행을 한 경험이 없는 신혼 부부에게는 더 불안하고 조심스러운 기다림일 것이다. 1970년대 후반에는 신랑·신부가 함께 샤워를 하기는커녕, 신랑이 샤워하는 동안 신부가, 신부가 샤워하는 동안 신랑이 아예 호텔 객실 밖에서 기다리는 것을 종종 볼 수 있었다고 한다. 신

랑 무릎 위에 신부를 한번 앉혀보는 사진을 찍으려면 사진
기사의 목은 다 쉬어버릴 정도였다고 한다. 그렇다면 많은
신랑·신부의 신혼 여행의 기다림은 얼마나 불안했을지 쉽
게 짐작이 간다. 그러한 종류의 불안은 1995년도의 한 여성
잡지에서도 나타났다.

휴! 결혼식을 하루 앞둔 나의 입에서는 걱정과 함께 한숨만
나왔다. 신혼 여행지 호텔에 투숙하면 같은 공간 안에 화장실
로 함께 딸려 있다는데 며칠 동안 화장실 사용을 어떻게 해야
하나 하는 고민 때문이었다. (『주부생활』, 1995년 6월, p. 327)

신세대 여성이 이러한 고민을 하고 있다면, 신혼 여행의
기대는 한숨이 될 수도 있을 것이다. 그러나 둘이 늘 같이 있
을 수 있다는 사랑의 기대는 불안감보다도 크다. 가슴을 설
레게 하는 사랑의 고백, 머리를 맞대고 속삭일 앞날의 꿈, 둘
만의 시간을 보낸다는 황홀, 이미 여행을 다녀왔거나 현재
여행중인 부부는 그렇게 기대감을 말해준다. "너만을 영원히
사랑해"라고 말해주고 싶고, 또 그 말을 듣고 싶다. 무엇보
다 이제 서로가 부부라는 사실을 확인하고 싶고, 부부로서
앞날의 꿈을 설계하고 싶다. 신혼 여행은 서로 행복하게 살
자고 손가락을 걸고 맹세하는 그 시간이며, 아들·딸 몇을
언제 낳을까 궁리해보는 순간이다.

한편, 한숨이나 설렘은커녕 결혼 생활의 패권 잡기는 바로 첫 출발인 신혼 여행임을 알고 준비하기도 한다. 대구에서 제주로 여행 온 신혼 부부들은 친구들로부터 "초기에 단단히 잡아라"는 말을 수도 없이 들었다고 한다. 어떤 부부는 신혼 여행지에서부터 절대 양보하면 안 된다는 교훈을 서로 실천하느라고 신랑은 침대방에 신부는 온돌방에서 첫날밤을 따로 잤다고도 한다. 1996년 9월 서울방송의 한 프로그램에서도 신혼 여행 동안 주도권을 먼저 잡는 내용이 다루어졌다. 신혼 여행에서 호텔에 도착하자마자 신부는 돌변한 태도로 신랑에게 경제권을 선포하고, 신랑은 친구들이 가르쳐준 작전——신부가 첫날밤에 오줌을 싼 것처럼 꾸미는 것——을 떠올려본다(한겨레, 1996년 9월 23일). 오늘날, 제주에서 만난 신랑·신부에게도 이렇게 결전에 임하는 의지를 볼 수 있었다. 서로 '성질 죽이기'를 미리 생각한 부부, "확실히 이 남자를 잡겠다"라는 각오를 하고 온 신부. 비록 오랜 연애로 서로 잘 알고 있다고 하더라도 신혼 여행은 결혼의 시작이니까 새로운 질서가 필요한 것이다.

패권보다는 사랑받는 아내에 더 관심 있는 신부는 '매력적인 신부'가 될 준비를 한다. 어떻게 하면 그의 사랑을 꼭 잡아둘 수 있을까? 무엇을 준비할까? 예쁜 모양의 양초? 야한 잠옷? 그와 세트인 실내복? 어떻게 그에게 점수를 딸까? 한 여성 잡지는 '그를 뿅~ 가게 하는' 10가지 테크닉을 소개하고 있다.

   1. 도착 후, 시댁에 전화한다.

   2. 그가 샤워중일 때, 작은 파티를 준비한다.

   3. 그가 이끄는 대로 순종하라.

   4. 남편보다 늦잠을 자지 말라.

   5. 정성스럽게 자신을 치장한다.

   6. 외출할 때는 객실을 깨끗하게 정리한다.

   7. 다른 신혼 부부들과 함께 있을 때는 내숭형이 돼라.

   8. 물건 값을 마구 깎지 말라.

   9. 남편의 소품을 확실히 챙긴다.

  10. 체크아웃할 때 세련된 매너를. (『여성자신』, 1993년 3월)

이 신혼 여행용 명심보감은 사랑의 이름으로 신랑을 자신에게 묶어두기 위해 신랑 중심으로 행동하라고 권고한다. 이 권고를 받아들인 신부는 여행 가방 속에 화장품 세트, 튀는 옷, 신랑의 속옷과 잠옷들을 챙겨넣는다. 그리고 여행지에서 가장 공들여 화장하고, 머리를 손질하고, 아름답게 치장하리라 마음먹는다. 실제로 관광지에서 볼 수 있는 신부는 그렇게 보인다. 상인들에 의하면 이들은 물건 값을 마구 깎지 않는다고 한다. 일생에서 가장 아름답다는 신혼 여행시에 미인계와 고도의 테크닉을 사용한다면 신랑을 꼭 잡을 수 있지 않을까?

　신부뿐만 아니라 신랑도 신부를 '뿅~ 가게 하는' 전술을 사용한다. '매력적인 신랑'이 되는 것은 신부를 위한 서비스 정신에 달려 있다. 신랑은 신부를 여행 동안만은 '여왕처럼, 공주처럼 모셔야겠다'고 마음을 준비한다. 1980년대 후반에 결혼한 신랑은 신부에게 "무조건 잘해주자, 보호하자"라고 미리 다짐했었다. 1995년에 태국으로 떠난 신랑도 "신부를 여왕처럼 모시겠다"라고 선언했다고 한다. 동거를 하다가 여행을 간 신랑도 "여행중에는 신부에게 잔심부름을 시키지 않겠다"고 결심했다고 한다. 신랑이 더러 이러한 각오를 할 때, 신부는 더더욱 신랑이 자신을 여왕처럼 받들어주기를 기대하게 된다. 단지 신랑은 '신혼 여행 동안만'이라는 단서가 붙고, 신부에게는 그 단서가 없을 뿐이다. 여왕과 왕으로 신분 상승한 신혼 부부들은 부모, 친지, 친구의 축복을 받으며 갓 결혼함을 알리는 자동차를 타고 공항으로 출발한다.

3. 출발

반대하는 결혼을 했기 때문에 결혼식을 마쳤다는 것만으로 마음이 후련했어요. 결혼식 전날에야 함을 받았기 때문에 친구들과 오래 있느라고 지치고, 잠도 오지 않아서 피곤했어요. 그래도 이제 신혼 여행을 떠난다니까 너무나 마음이 시원했어요. 고속버스를 타고 강릉으로 먼저 갔어요. 버스 안에서 졸았어요. (1984년 강릉 여행, 신부)

기다리고 기다렸던 신혼 여행지로의 출발! 부모, 친구, 친지들은 그들에게 "잘 다녀오너라" "선물은 사 가지고 오지 말아라" "재미있게 놀다 와라" 하는 축복의 인사를 던져주었다. 여행을 떠나는 모습을 보고 부모는 "걱정이 되고" "섭섭하고" "기분이 묘하고" "눈물을 흘리기도" 하였지만 행복한 여행이 되길 기원해주었다고 한다. 1970년대까지만 해도 들을 수 있었던 "여행길에 아는 집에는 가지 말아라" 등의 금기는 이제 거의 들을 수 없다. 인터뷰 조사나 설문지 조사에서 단 한 쌍도 여행중에 하지 말아야 할 사항에 대하여는 들어보지 못했다고 한다. 여행길에 대한 불안이 그만큼 감소되었고, 연애 결혼이 주류를 이루면서 결혼에 대한 불안도 그만큼 감소된 탓일 것이다. 이제 신혼 부부들은 조심하라는 당부 대신 즐겁게 놀다 오라는 축복만 실천하면 되는 것이다.

물론 드물기는 하지만 이 점에서 예외는 여전히 남아 있는 듯하다. 신혼 여행의 경험담을 모은 최근의 한 책을 읽어보면 신랑·신부가 점괘를 지키는 에피소드를 보여주고 있다. 자손을 보기 위해 신부가 첫날밤 자고 있는 신랑에게 은장도를 높이 쳐든다거나, 앞날의 풍파를 피하기 위해 신혼 여행 동안 신랑은 신부를 일체 안아주지 않는다거나 등등이 아직도 은밀히 시행되고 있는 모양이다.[1]

여행지로의 출발시 많은 신랑·신부는 "홀가분했다" "시원했다" "신났다" "들떴다"고 한다. 1984년에 강릉, 속초로 신혼 여행을 떠났던 한 신부는 그때 "속이 다 후련했다"고 가슴을 쳐보이기도 했다. 길고 길었던 혼수 준비와 결혼식을 무사히 마쳤다는 안도감, 이제 둘만의 시간을 보낼 수 있다는 기대감, 새로운 곳으로 관광한다는 호기심 때문일 것이다. 1995년 10월에 사이판으로 여행한 한 신부는 "그 동안

---

1) 김혜영 엮음, 『재미있는 신혼 여행』, 명서원, 1995.

부모 몰래 남자 친구와 여행을 다니다가 이제는 떳떳하게 가니까 그렇게 속이 시원할 수가 없었어요"라고 한다. 이전에는 부모 눈치보면서 이성 친구와 여행을 해야 했는데 이제 부모 앞에서 여행을 떠날 수 있는 자격증을 막 딴 것이다. 한편 신랑은 "아 결혼했구나" "어른이 되었구나" 하는 기분이 들기도 하면서 뒤풀이 이후의 과음과 피곤의 누적으로 "정신이 없는" 상태였다고 한다. 신부는 "두렵고" "왠지 엄마, 아빠가 한 번 더 보고 싶고" "눈물이 나고" "현실 같지 않은" 느낌도 드는 순간이었다고 한다.

신랑	별로, 담담, 기쁨, 떨림, 홀가분, 얼떨떨, 새로운 느낌, 이루 말할 수 없었다, 피곤했다, 힘들었다, 과음으로 고통스러웠다, 정신이 혼미했다, 추락할까봐 걱정이 되었다, 장난이 아니다, 끝났구나, 아 결혼했구나 하는 현실감, 어른이 되었다
신부	별로, 아무 생각이 없었다, 담담, 처음 비행기를 탈 생각으로 환상적이었다, 편함, 기뻤다, 홀가분, 기분이 들떴다, 떨렸다, 들뜸, 안도감, 시원함, 피곤했다, 정신이 없었다, 막상 떠나니까 어색했다, 결혼했구나

그런데, 이 기다렸던 비행기 안에서 "피곤해서 잤다"라는 대답이 가장 많이 나왔다. 각각 나름의 기대는 있었지만, 첫 시작부터 이미 피곤해서 정신이 없는 상황이었다는 것이다. 동거를 1년 이상 하다가 결혼한 신랑도 "그렇게 결혼식이 힘든 줄 몰랐다"고 한다. 게다가 어떤 신랑은 친구들이 마련해 준 총각 잔치에서 마신 술이 제주도에 도착하고도 깨지가 않는다고 한다. 동거를 2년 이상 한 신부도 "정신이 없어요"라고 대답한다. 하긴 어떤 신랑·신부는 비행기를 처음 타서 "멍하게" 있거나 "신기해"하느라고 잘 수가 없었다고 한다. 피곤하고 정신없고 얼떨떨하지만 그래도 마음은 가벼운 여행, 제주도에서의 시작은 대부분 그러했다.

	"비행기 안에서 하신 대화는 어떤 것이었습니까?"
1978~1995년 (경험담)	대화가 없었다, 피곤해서 잤다, 결혼식 과정 이야기, 서로 사랑을 확인, 관광 이야기, 가족 계획, 서로 믿고 의지하자
1996년 제주	대화가 없었다, 피곤해서 잤다, 다리가 아프다, 인생이 힘들다, 이제 결혼한 것인가, 결혼식 과정, 친구, 절값, 날씨, 구름 위로 날아가는 기분, 비행기를 처음 탄 느낌, 하늘 구경, 즐거운 여행, 애 낳고 잘살자, 싸우지 말자, 서로 믿고 사랑하자, 미래 계획, 가족 계획, 선물

신부: 너무 힘들었어.

신랑: 여자만 힘든 것이 아니야. 여자가 열이 힘들 때 남자도 칠, 팔은 힘든 거야.

신부: 그때까지는 잘 참았는데 그만 눈물이 나오더라.

신랑: 잘했어. 요새는 신부가 다 웃는데 우는 게 더 좋더라. 내 동생은 어찌나 웃는지 보기 싫더라.

신부: 엄마를 볼 때는 괜찮았는데 아빠를 보니까 눈물이 나왔어.

신랑: 아빠들도 딸 보내고 운다잖아. 딸은 아빠와 더 가깝다고 하잖아. 좋으면 하루 더 묵을 수도 있어.

신부: 아니야. 난 빨리 가야 해. 가서 엄마를 봐야 해. 나는 어쨌든 다 끝나서 시원해.

신랑: 이제부터는 조심해. 다 바가지니까.

신부: 왜?

신랑: 관광지잖아. (1997년 3월, 제주 공항)

"비행기가 곧 착륙하겠습니다. 안전벨트를 다시 한번 확인해주십시오." 여행지의 도착을 알려주는 스튜어디스의 이 안내 방송을 얼마나 기다렸던가? 그런데도 아직 실감나지 않

는다: '내가 결혼했나?' 영화 속의 아름다운 두 남녀 주인공의 결혼식은 그렇게 실감났는데, 눈물까지 흘리게 하였는데, '나의 결혼'은 실감나지 않는다. 그 동안 그려보았던 신혼 여행의 꿈이 무엇이었던지 아롱아롱하기만 하다. 비록 여유가 있는 척, 미소도 띄웠지만, 그것도 우는 신부보다 웃는 신부가 더 보기 좋을 것 같아서 일부러 띄워본 미소이고, 사실은 초긴장 속에 치러진 결혼식. 왜 여자만 시댁 식구에게 절을 올려야 하는지 부당하다고 붕붕대었지만, 영화에 나오는 조선 시대의 여자처럼 조신스럽게 치렀던 폐백식. 피곤하기만 하다. 피곤하기는 신랑도 마찬가지이다. 신부는 화장이 잘 받으라고 일찌감치 잠자리에 들기나 했지, 신랑은 친구들이 마련해준 총각 잔치인지, 술 퍼먹이기 잔치인지에 아직도 몽롱하기만 하다.

공항에 도착. 신부는 뛰어가서 전화를 건다. "엄마, 나 도착했어. 여기는 공항이야." 신랑은 아직도 잠이 덜 깨어서 멀뚱멀뚱 신부의 전화 통화가 끝나기를 기다리고 있다. 이들은 잠시 후 비행기 연착으로 팔이 아프도록 피켓을 들고 있었던 안내인과 함께 사라진다.

신혼 여행을 떠나는 날은 화사하게 입고 가야지. 빨간 치마에 작은 꽃무늬, 꽃버선, 꽃신, 야들야들한 마고자를 걸쳐 입고, 머리는 우아하게 올려서 연분홍 꽃을 꽂아야지.

내 예쁜 신부가 골라준 새 양복과 눈부신 와이셔츠, 그리고 그에 어울리는 넥타이, 향수도 살짝 뿌리고 반짝반짝하는 새 구두를 신어야지.

제주 공항에 막 도착한 신혼 부부의 의상은 주로 예복이나 정장이다. 더 정확히 말하면 신부만 예복이나, 한복을 차려 입고, 신랑은 대부분 양복 차림으로 온다. 동시에 한복을 입은 경우는 그렇게 많지 않다. 신부의 정장은 고급스러우면서도 유행하는 스타일의 옷차림새이다. 어쩌다 가끔 눈에 띄는 캐주얼 차림인 경우 신랑·신부는 거의 100%가 세트로 입고 온다. 옷차림은 달라도 한눈에 신혼 부부임을 알리는 상징적인 옷을 입고 있는 것이다. 그리고 신부는 거의 반드시 와인 부케, 과일 부케, 또는 사탕 부케를 들고 온다. 1980년대 중반부터 시작되었다는 이러한 부케는 신혼 여행을 떠나는 신부의 상징처럼 되어버렸다. 그 부케 안을 잠깐 들여다보면, 오렌지·감귤·사과·밤·와인 등이 꽃장식과 함께 예쁘게 담겨져 있다. 지난날 무거운 가방을 신랑이 끙끙거리며 들고 다녔다고 하지만, 지금은 바퀴가 있어서 가볍게 밀기만 하면 되는 가방으로 바뀌어졌다. 가방조차 대부분은 비슷해서 신혼 부부의 가방임을 금세 알 수 있다. 가로 60센티미터, 세로 90센티미터쯤 되는 체크 무늬의 새 가방이 그것이다. 아예 배낭을 메고 오는 경우도 있지만, 배낭조차 세트

라서 신혼 부부임을 어쨌든 드러내고 있다. 신랑들은 금방
머리를 손질한 티가 나고, 신부들은 주로 머리를 뒤로 말아
올리는 '올림머리'를 하고 있다. 신혼 부부의 옷차림에서부
터, 머리 모양, 가방, 부케에 이르기까지 그들이 이제 더 이
상 미혼의 세계가 아닌 결혼의 세계로 들어갔음을 알려준다.

눈부신 분홍빛 치마, 색깔 고운 빨간 치마, 그 위에 눈에
띄는 곤색이나 검정색 마고자 차림. 화려하다. 멀리서부터
가장 먼저 시선을 집중시킨다. 이 예복은 누가 입었던 것일
까? 파란 저고리와 빨간 치마로 상징되던 신부의 옷차림은
이제 화사한 예복으로 바뀌었다. 지난날 높은 신분의 마님이
어쩌다 입어봄직도 한 예복이 상인들의 전략으로 이제 누구
라도 입어볼 수 있게 되었다. 예복은 신랑·신부를 전통의
이름으로 가족과 사회에 묶어준다. 이제 개인이 아닌 가족의
일원이라는 제도, 그리고 개인이 아닌 사회, 그것도 높은 신
분의 문화에 동조함을 말해준다. 그 옷을 입었다는 것은 대
대로 내려오는 결혼이라는 제도를 인정하면서, 그 옷을 자유
롭게 입을 수 있던 신분의 세계를 받아들이는 것이다. 문화
적인 지배와 동조('문화적 헤게모니')가 신랑·신부의 예복
차림에서 나타난다.[1]

---

1) 버거는 사진 속의 농부가 상류층이 주로 입는 양복을 입고 있다는 것

결혼식과 뒤풀이 이후 밤 비행기를 탔던 신랑·신부는 곧장 호텔로 향한다. 호텔에 도착하면 특이한 옷차림과 길쭉한 모자를 쓴 도어 보이가 절을 하며 재빨리 가방을 받아준다. 정장을 한 카운터의 직원은 공손하게 체크인을 도와준다. 신랑이 기록을 하는 동안 신부는 멀찌감치 서 있다. 신부는 직원이 선사한 꽃 한 송이의 향기를 맡는 척하기도 하고, 실내 장식을 둘러보기도 한다. 다른 호텔 보이가 다가와서 신랑·신부를 객실로 안내해준다. 언뜻 본 호텔의 웅장함, 고급스러움, 사치스러운 장식은 신혼 여행 온 기분을 돋우어준다. 깔끔하게 정리된 객실에는 넓은 침대가 보인다. 한번쯤 몸을 담그고 싶도록 목욕탕도 우아하다. 신랑·신부는 특별한 여행을 왔다는 기분을 다시 한번 느낀다.

신혼 여행에서 특히 첫날은 호텔에서 자야 되는 것으로 거의 굳어져 있다. 배낭 여행을 하는 경우도 마찬가지이다. 그

을 일종의 문화적 헤게모니 현상으로 설명하고 있다. John Berger, "The Suit and the Photograph," *Rethinking Popular Culture*, University of California Press, 1991, pp. 424~31. '문화적 헤게모니 *cultural hegemony*'란 그람시 Antonio Gramsci의 이론으로서 지배 계급의 문화를 피지배 계급이 저항 없이 동조하게끔 만드는 지배의 한 형태이다. Tom Bottomore(ed.), *A Dictionary of Marxist Thought*, Cambridge: Harvard University Press, 1983.

것도 가능하면 최고로 알려진 호텔에서. 제주도에서 신혼 부부들이 가장 많이 머무르는 곳은 특1급 호텔들이다. 유명한 인사들이 다녀가서 갑자기 소문난 호텔이나, 정원이 아름다워서 이름이 났거나, 규모가 커서 알려진 곳들이다. 최근 TV 연속극에 자주 비쳐진 한 호텔도 인기가 있다. 저녁 시간 때, 이름이 알려진 호텔의 식당, 커피숍 등에는 모두 신혼 부부들로 가득하다. 반면 2급 호텔 이하로 가면, 신혼 부부 한 쌍을 만나려면 적어도 2시간은 기다려야 한다. 신혼 부부들은 왜 값싼 여관이 아닌 호텔을, 그것도 최고의 호텔만을 고집할까? 하루 숙박비가 30만 원이 넘는다는 호텔에서 숙박한 신혼 부부는 "경제적 여유가 있기보다는 일생에 한 번뿐이기 때문에" "회사에서 부담을 해주기 때문에" "여행사가 예약해 주어서"라고 말한다. "어느 정도 여유가 있는 사람들이 오지만, 가난한 사람도 많이 와요"라고 호텔 직원은 귀띔한다. 비싼 호텔에 머물지만, 경비를 아끼려고 "점심은 짜장면으로 때우자"라고 기사에게 제의하는 신혼 부부도 있다. 그런데도 왜 첫날밤은 고급 호텔에서 보내야 하는 것일까?

호텔, 특히 고급 호텔의 이미지는 서구 영화에 나오는 옛날 궁전의 모습이다. 커다랗고 둥근 기둥은 웅장함을 말해주고, 사치스러운 장식들은 특별한 사람들을 위한 것처럼 보인다. 그곳에서 고색 찬란한 옷차림을 한 신사와 귀부인이 팔을 끼고 층계에서 내려오면 근위병이 따라온다. 넓은 식탁을 가진 식당에서 식사를 하는 동안 하얀 냅킨을 준비한 하녀가 시중을 들어준다. 식사 후 그들은 우아한 이름을 가진 커피숍으로 가서 커피를 마시면서 오후, 저녁 스케줄을 짠다. 수영을 한 후, 사우나를 해볼까? 미용실에서 머리를 가다듬고, 마사지를 끝내면 쇼핑을 할까? 오후에는 따뜻한 햇빛을 즐기면서 야외의 정원을 산책해볼까? 저녁에는 하프가 연주되는 양식 식당에서 티본 스테이크를 먹을까? 다른 귀족들과 함께 바에 가서 왈츠를 출까? 빨간 버찌가 꽂혀진 칵테일을 한잔 할까?

호텔 1

　실내 정원(정원수, 행운의 연못, 잉어떼), 커피숍, 일식, 중식, 한식 레스토랑, 베이커리, 고급 옷가게, 귀금속 가게, 테니스장, 실내 수영장, 헬스, 사우나, 미용실, 이발소, 나이트클럽, 성인 노래방, 20대 초반의 긴 다리를 가진 여직원, 쿡의 직접 서비스, 직원의 45도 이상의 절.

호텔 2

　야외의 넓은 정원, 송어 양어장, 바다가 보이는 커피숍, 베이커리, 실내/실외 수영장, 테니스장, 미용실, 사우나, 토속점, 산책길, 야외 공연장, 특선 뷔페, 양란으로 장식한 로

비, 송어 요리가 나오는 레스토랑, 디스코 걸이 나오는 나이
트클럽.

　재화는 지위 표현의 수단이다.[2] 재화는 가치관을 보다 구
체화시킨다. 호텔을 이용하는 것은 호텔이라는 이미지가 주
는 가치관, 생활 방식을 받아들이는 것이다. 결혼 의례 동안
신혼 부부는 일상 생활에서 벗어나 '성(聖)'의 세계로 들어가
면서,[3] 귀족과 부르주아의 세계로 발을 넣는다. 귀족만이 누
렸던 금색·은색 등 화려한 예복을 입고, 그들이 살았던 궁
전으로 간다. 호텔은 잠깐 그들의 지위를 끌어올려 유명 인
사와 상류층 집단으로 입문시켜준다. '문화적 헤게모니'가
의상에도 침실에도 이루어진다. 유명 인사가 다녀간 곳에 나
도 다녀간다. 연속극의 주인공이 먹던 레스토랑에서 나도
먹어본다. 나도 그들과 같은 특수한 지위를 상징적으로 누
린다.

　반짝반짝하는 홀, 미끄러질 것 같다. 호화스러운 장식이

---

2) 그랜드 매크래켄 지음, 이상률 옮김, 『문화와 소비』, 문예출판사,
　 1996.
3) 반 겐넵 Arnold Van Gennep은 결혼 의례, 성인 의례 등 의례가 진행
　 되고 있는 동안을 성(聖)*the sacred*의 세계, 그렇지 않는 동안은 속
　 (俗)*the profane*의 세계로 불렀다(아놀드 반 겐넵 지음, 전경수 옮김,
　 『통과 의례』, 을유문화사, 1985).

뭔가 별세계에 온 것 같다. 내게 속해 있는 것 같으면서도 내게 낯설다. 안내해주는 벨 보이도 어쩐지 높은 사람 같다. 모든 것이 조심스럽다. 객실로 들어간다. 아직 수세식 화장실을 구경 못 한 신부는 변기의 물에 손을 씻어본다. 신랑은 용기를 내어 카운터에 전화를 걸어본다. "이불 갖다 주세요." 신부는 목욕탕에서 큰 타월, 중간 타월, 작은 타월이 차곡차곡 개어져 있는 것을 보고 감탄한다. '가져가야지' 가방 속에 넣는다. 옆에 있던 신랑도 '저 재떨이는 내가 처음 쓴 거야' 함께 집어넣는다. 그런데, 체크아웃할 때 호텔 직원의 가방 검사로 '부르주아 이미지 훔치기'는 탄로난다. 특별한 기간에 누렸던 상징적 지위는 호텔을 벗어나면서 던져주고 와야 한다. 일상 세계로까지 그 상징적 물건을 가지고 나오는 것은 허용되지 않는다. 지금도 가끔씩 가방 검사가 있다고 하지만, 그 이전에는 가방 검사가 더 빈번했었다고 한다. 신부는 얼굴이 빨갛게 달아오르고, 신랑은 민망해서 어쩔 줄 모른다. 어떤 신랑은 "내가 여기 와서 처음 쓴 것 아닙니까?" 하고 항의도 한다. 시중 가격의 두 배를 물어내고 갖고 가기도 한다. 눈치빠른 기사는 척하면 알아채고, 미리 변상해주기도 한다. 지난날에 비해 줄어들었지만, 오늘날에도 이러한 '부르주아 이미지 훔치기'는 남아 있다고 한다.

두려움, 긴장감, 호기심, 설렘, 낭만, 황홀한 마음으로 기다려왔던 첫날밤이 드디어 왔다. 이 역사적인 첫날밤의 실제는 어떻게 나타날까? 기대와 같을까, 다를까?

기대의 빛깔이 다양했듯이 실제의 빛깔도 다양하다. 『여자의 일생』의 주인공인 잔은 '기대의 파괴'라는 가장 괴로운 실제를 맞이한다.

그러자 그는 굶주린 듯 세차게 그녀의 몸을 껴안았다. 그리고는 재빠르게 깨무는 듯한 격렬한 키스를 온 얼굴과 목덜미에 퍼부으며 온갖 애무로 그녀를 어리둥절하게 했다. 그녀는 두 손을 벌리고 남편의 격정에 휩싸인 채 자기가 지금 무엇을 하고 있는 것인지 정신이 혼미하여 아무것도 모르고 누워 있었다. 별안간 날카로운 아픔이 그녀의 살을 찢는 듯했다. 남편이 난폭하게 자기 몸을 소유하고 있는 동안 그녀는 그의 팔 속에서 몸부림치듯 신음했다. 〔……〕 그녀는 생각했다. 전혀 다르게 꿈꾸어왔던 도취와 파괴된 소중했던 기대와 이미 금이 가버린 축복의 환멸 속에서 마음속까지 절망하여 중얼거렸다.

"이것이 바로 그이가 말하는 아내가 된다는 것이었구나! 이것이, 이것이……"

이런 밤에 잠이 올까? 두 사람 사이에 일어난 일이 그에게는 조금도 놀라운 사실이 아니었던가? 아아! 두들겨맞는 편이, 난폭한 대우를 받는 편이, 정신을 잃을 만큼 온갖 추잡한 애무로써 상처를 받는 것보다 더 나을 것 같았다. (모파상 지음, 안혜영 옮김, 『여자의 일생』, 혜원출판사, 1995, p. 61)

이광수의 『사랑』에 나오는 첫날밤은 잔의 절망과 다르다. 일방적으로 신부를 사랑해왔던 신랑은 권리로써, 신부는 의무로써 의식을 치른다.

허영은 그래도 문을 닫을 정신은 남아서 덧문까지 꽁꽁대면서 닫아걸고, 휙 돌아서서 외투와 모닝 코트를 벗어 윗목에 동당이를 치고,
"아, 순-옥-씨."
하고 순옥에게 달려들어 순옥의 목을 껴안고 순옥의 입에다 술 냄새 나는 입을 비빈다.
'첫 키스!'
이것은 남편 된 허영이 10년 적공으로 싸워 얻은 정당한 권리다. 순옥은 뿌리칠 수도 없었다……
"여보."
"내가 곤해서 죽겠으니 가만히 자게 내버려두어주셔요."
하고 순옥은 장 있는 쪽으로 돌아눕는다.
"여보, 여보, 여보, 순옥이, 순옥이, 쩟."

허영은 물그릇을 찾아서 물을 벌꺽벌꺽 마시고는 또 순옥이 곁으로 와서,

"여보, 여보, 여보."

하고 부르다가, 쩟, 쩟을 수없이 하다가 마침내 결심한 듯이 순옥을 번쩍 안아다가 자리에 누인다. 순옥은 죽은 듯이 가만히 있었다. (이광수, 『사랑』, 삼성당, 1993, pp. 259~60)

이미 사랑하고 성 경험을 서로 나눈 신랑·신부일지라도 첫날밤의 느낌은 다르다.

민수가 우희의 손을 풀고 돌아서서 대신 안아주며 가볍고 빠른 뽀뽀를 얼굴과 목덜미에 퍼부었다. 그리고 같이 목욕을 하자고 했다. 우희는 숫처녀처럼 질겁을 하며 얼굴을 붉히고 부끄럼을 타며, 옷깃을 새삼 꼭꼭 여미며 먼저 하라고 뒷걸음질을 쳤다. 〔……〕 물 끼얹는 소리조차 부끄럽다. 우희는 침대머리 전축에 스위치를 넣고 에프 엠을 낮게 튼다. 은은하고 감미로운 음악이 물 끼얹는 소리, 첨벙대는 소리를 알맞게 희석한다. 그녀는 트렁크를 열고 목욕을 끝낸 민수에게 필요한 것들을 이것저것 챙긴다 〔……〕 민수와 우희의 초야는 즐겁다. 파도소리도 솔바람소리도 없건만 즐겁다. 그것이 실질적인 초야가 아니기 때문에 더욱 즐겁다. (박완서, 『휘청거리는 오후』, 현대의 한국문학 9, 범한출판사, 1975, p. 277)

같은 행복한 첫날밤이지만 우희는 부끄러움과 즐거움이 함께 있고, 어떤 신부에게는 홀가분함과 새로운 모양의 불안이 함께 있다.

진짜 첫날밤이야 아니었죠. 그래도 첫날밤은 달랐어요. 그 전에는 여관방이었는데…… 결혼할 사이지만 그래도 죄를 짓는 것 같고, 남의 눈치가 보였지요. 이제는 마음이 홀가분했고 눈치볼 것도 없었고요. 처음으로 같이 샤워도 했어요. 곧 치러야 된다는 생각을 하니까 괜히 어색하고 거북해서 호텔방에서 맥주를 마셨어요. 마음속으로는 혹시 이 남자가 더 강한 것을 요구하는 것이 아닌가, 더 이상을 기대하는 것이 아닌가 하는 불안한 생각도 들었고요. (1984년 부산 해운대 여행, 신부)

기대가 없었다는 신부는 첫날밤도 하나의 형식으로 넘어가고 있다.

첫날밤 기대요? 없었어요. 단란주점 가서 맥주 한잔 마시고 왔죠. 잠옷은 제가 같은 것으로 신랑 것까지 준비해 왔고요. 피임 준비도 해왔고요. 첫날밤 지난 이후요? 똑같았죠. 별 느낌이 없었어요. (1996년 제주 여행, 신부)

잔의 첫날밤은 환멸, 순옥의 첫날밤은 아내임을 받아들이는 것, 우희의 첫날밤은 성의 감미로움을 알아가는 것, 1984년 신부의 첫날밤은 편안함, 1996년 신부의 첫날밤은 형식적인 것. 줄리앙의 첫날밤은 정복, 허영의 첫날밤은 권리, 민수의 첫날밤은 성애이다. 같은 첫날밤이지만, 신랑과 신부의 첫날밤은 다르고, 신부들간에, 신랑들간에도 첫날밤의 순간은 양극단을 치달린다. 지옥에서 천국까지.

지옥

실제로 드러나는 악몽의 첫날밤은 신부의 순결과 신랑의 남자 구실이라는 가장 고전적인 첫날밤 스토리에서 일어난다. 두렵고 불안했던 그 어떤 기다림이 이런 형태로 나타나는 것일까? 여성 잡지가 만들어진 이후 오늘날까지 상담란에는 항상 다음과 같은 질문과 정답이 나온다.

Q. 결혼 날짜가 얼마 남지 않은 예비 신부입니다. 1년 전에 좋아하던 사람과 관계가 있었어요. 선생님, 신랑에게 첫날밤에 사실대로 말해야 하나요? (고민생이)

A. 고백하면 안 됩니다. 육체적 순결보다 정신적 순결이 더 중요합니다. 고백하면 신부는 마음이 가벼워질지 모르지만, 신랑은 더 부담을 느낍니다. 시대가 달라졌다고는 하지만 아내의 순결을 원하는 남자의 마음은 같습니다. 행복한 결혼을 위하여

절대 고백하지 마십시오.

그런데 불행하게도 이 정답을 알지 못한 신부는 고백을 한다. 결혼식 전에 고백할 수도 있는데, 왜 하필 결혼식을 올린 이후 첫날밤에 고백할까? 1960년 후반에 한 시골에서 떠들썩하게 구식 결혼식을 올렸던 한 신랑은 첫날밤 부모에게 말한다. "아부지, 아부지, 저 색시가 처녀가 아니라 캅니더." 한국판 테스가 등장하는 순간이다. 테스는 "우리의 사랑의 이름을 걸고 나를 용서해주세요. 당신이 용서받은 것처럼 나도 용서해주세요" 하고 애원하지만, 엔절은 가혹하다. "오, 테스, 용서란 이런 경우엔 적합하지 않은 말이오! 당신은 전엔 지금과 다른 사람이었소. 오오, 용서라는 게 어찌 이런 괴상한 경우에 해당되겠소!"[4] 불쌍한 테스는 남자의 과거는 용서해주면서 자신의 과거는 용서받지 못한 채 눈물을 쏟았다.

지금은 누구에게나 물어보면 이러한 첫날밤은 호랑이가 담배 피우던 시절에나 있었다고 한다. 50대의 한 제주 주민은 "남자는 온갖 짓을 다하고도 제 여자만은 순결하기를 바라지만, 세상이 그러니까……" 이제 더 이상 문제삼지 않을 것이라고 한다. 20대 후반, 아직 결혼을 하지 않은 관광객은 "남자는 군대 갔다 오고 하면, 총각은 거의 희귀 동물이 되

---

4) 토마스 하디, 정병조 · 유종호 옮김, 『테스』, 신영출판사, 1987, p. 230.

지요. 전에는 그래도 내 신부는 절대 순결해야 한다고 생각했지만, 지금은 사랑하면, 그런 것은 상관없다고 생각해요"라고 한다. 1995년에 결혼한 신부는 웃으면서 "그런 건 서로가 포기하는 것 같아요"라고 한다. 하지만 소설가 박완서는 이러한 벌을 받는 지옥이 여전히 남아 있음을 그의 소설, 「가는비, 이슬비」에서 보여주고 있다.[5] 그의 소설에서 비록 첫날밤에 고백을 강요하거나, 눈물로 호소하지는 않지만 신부의 순결성은 신랑의 마음에 남아 있고, 그것은 결혼 생활에 미묘하게 영향을 주고 있음을 드러내고 있다.

첫날밤의 지옥 속에는 신랑도 빠져 있다. 첫날밤을 제대로 치르지 못한 신랑은 죽을 맛이라는 것이다. 1980년대 후반, 한밤중에 신랑이 호텔 지배인에게 달려와서 울부짖었다. "신부가 피가 나요." 지배인이 객실에 올라가보았더니 시트는 피로 흥건히 젖어 있었고, 신부는 새파랗게 질려 있었다. 병원까지 급수송된 이들에게 병원 원장은 "신혼 여행을 왔으면, 여자를 분위기 있게 만들어놓고 해야지, 그것도 모르고 신부를 이 지경까지 만들어놓았느냐"고 신랑에게 호통을 쳤다고 한다. 신부는 질동맥이 파열되어 수혈까지 해야 했다.

지금도 가끔은 다음날 신랑이 바보가 되는 경우를 보게 된다. 신랑은 먼 산을 바라보며 애꿎은 담배만 뻐금뻐금 태우

---

5) 박완서 외, 『가는비, 이슬비』, 성바오로, 1996.

고 있고, 신부는 노골적으로 짜증을 내며 신랑을 바보 취급한다. 바보로 전락되었던 신랑 중에는 박사도 있었다고 한다. 학식에 상관없이 새신랑으로서 첫날밤의 의식을 제대로 치르지 못하면 그는 그 순간만은 낙제생이 되는 것이다. 첫날밤의 실패가 그 후의 두 사람의 성 관계에 영향을 미쳤다는 사례는 신문이나 잡지의 성 상담란에 등장한다. 한 순간의 실패가 결혼 생활 전체의 실패가 될 수도 있는, 마지막의 최고로 스릴이 있는 의례가 첫날밤임을 상기시켜준다.

첫날밤의 지옥은 넓다. 주로 1980년대 초반에 일어났던 일이다. 첫날밤, 신부가 거부했다. 이유는 신랑이 파혼까지 한 적이 있는 등, 플레이보이로 소문이 났는데, 신부에게 이 사실을 속였다는 것이다. 속고, 속이고, 신파조 지옥은 신랑이 또는 신부가 정신병자임이, 또는 간질병 환자임이, 성 불구자임이 드러남으로써 생겨나고, 첫날밤의 일화로 안내 기사들이나 호텔 직원들에게 전해져 내려오게 된다.

소설 속에나 있을 법한 '한 남자에 두 여자' '한 여자에 두 남자' 스토리는 첫날밤에도 등장한다. 1983년쯤 한 호텔에서 가출한 신랑을 경찰에 조회한 사건이 있었다. 조회 결과는 4년 이상 사귄 애인이 제주까지 찾아와서 신랑을 찾고, 신랑은 중매로 결혼한 신부를 남겨두고 옛 애인과 함께 나가버린 것이다. 그 신부가 맞은 첫날밤은 지옥의 형벌이었을 것이

다. 반대로 신부의 애인이 나타나서 신랑이 첫날밤을 혼자
보낸 일화도 있다. 친척 언니를 만나러 간다고 사라진 신부
는 밤 1시가 되도록 나타나지 않았다. 신랑은 호텔 매니저를
붙잡고 안절부절못하는데 신부는 애인과 함께 그 밤을 같은
층 다른 객실에서 보내고 있었다. 그토록 찾던 신부가 바로
불과 50미터도 안 되는 거리에서 다른 남자와 긴 밤을 보내
고 있었던 것이다.

　지옥 같은 첫날밤은 첫날로 끝나지 않는다. 어떤 첫날밤의
지옥은 20년도 갈 수 있다. 20년씩이나 남편으로부터 무차별
구타를 당한 아내는 그 시작이 신혼초로 밝혀졌다. 아내 구
타의 사례 중 무려 43.1%가 결혼 3개월 이내에 시작된 구타
이다.[6] 첫날밤, 바로 그 역사적인 첫날밤부터 맞았다는 아내
가 무려 26%로 나타났다.[7] 이 지옥은 아직도 존재한다! 첫
날밤, 사랑의 속삭임이 아닌 폭력이라니! 아내 위에, 여자
위에 존재함으로써 가정의 질서를 유지하고 통제하려는[8] 신
랑은 결혼 첫날부터 주먹을 휘두른다. 한번 시작한 폭력은
거의 대부분 결혼 생활 내내 지속된다. 나머지 결혼 생활 전
체의 질과 인간의 존엄성을 걸 수도 있는 이러한 지옥의 형

---

6) 한겨레신문, 1996년 5월 13일. 김광일의 조사 결과는 56%에 이른다
　　(김광일, 『가정 폭력』, 탐구당, 1988).

7) 김광일, 앞의 글.

8) Susan Schechter, *Women and Male Violence: The Visions and Struggles
　　of the Battered Women's Movement*, Boston: South End Press, 1982.

벌은 가혹하다.

1996년 12월 제주시의 한 호텔에서 객실의 문짝이 부서지는 난장판이 벌어졌다고 한다. 호텔 매니저가 급히 올라가 보니 신부는 남자에 의하여 '흠뻑' 맞고 있었다. 나중에 상황을 들어보니까 신부를 패는 사람은 신랑이 아닌 신랑과 신부의 대학 동창이었다고 한다. 자기의 신부가 맞고 있는데 신랑은 가만히 지켜보고 있고, 그 동창생은 "학교 다닐 때도 늘 그랬으니까 상관 마세요"라며 말리는 매니저를 돌려보냈다고 한다. 신부 길들이기에 신랑은 침묵으로 폭력을 동의한 것이다.

연옥: "첫날밤은 그냥 잤네"

1988년에 결혼한 신랑은 뒤풀이에서 한 친구가 불러주는 노래를 들어야만 했다.

첫날밤에~
첫날밤에~
첫날밤에~
첫날밤에~
첫날밤에 그냥 잤네.

리듬도 박자도 자유롭게, 한없이 이어지는 "첫날밤에 그냥

잤네"이다. 첫날밤을 그냥 자다니! 있을 수 없는 일이다. 첫
날밤에 신랑이 그냥 잔다면, 신부를 아내로 맞지 않겠다는
소박의 뜻이 있고, 신부가 거절한다면, 숨겨둔 연인이 있다
는 사인이 된다. 특히 신랑이 첫날밤에 각시방에 들어가지
않으면 큰일이 난다. 공든 혼례가 무효가 된다.

특별한 이유가 있어서 그냥 잤다면, 그 첫날밤을 맞는 신
랑·신부는 지옥에 간 느낌이었을 것이다. 상황에 의하여 어
쩔 수 없이 그냥 잔 신랑·신부는 연옥 정도에 들어간 기분
이 아닐까? 꼭 치러야 할 일을 하지 않았으니까. "영화처럼
멋있을 것"이라는 그 꿈이 사라졌으니까. 첫날밤을 그냥 잤
으니까.

1979년에 신혼 여행을 떠난 한 신부는 "첫날밤을 그냥 잤
다"고 말한다. 호텔에 들어서자 너무나 피곤해서 화장을 지
우기조차 싫었다고 한다. 할 수 없이 세수나 하고 나오니, 이
미 신랑은 코를 골며 자고 있었다. 거의 반동거를 하다시피
한 이들에게는 첫날밤을 그냥 잔 것이 신부의 표현처럼 간단
한 '실례'일 수 있다. 그런데 중매 결혼한 경우에도 첫날밤을
그냥 잤다는 사례는 나온다. 1980년대 후반에 결혼한 한 제
주 신랑은 선본 후 한 달 만에 결혼식을 올렸다. 부산, 경주,
서울로 간 신혼 여행길은 '도새기 잔치'(결혼식 이틀 전 돼지
를 잡는 날) '가문 잔치'(집에서 손님을 치르는 날) '결혼식'(신
랑이 신부를 데리고 예식장 등에서 식을 올리는 날)으로 이어지

는 제주도 결혼 의례 때문에 너무나 피곤해서 첫날밤을 그냥 잘 수밖에 없었다.

첫날밤을 그냥 잔 것도 대단히 특별한 것이어서 유달리 기억하고, 다른 사람들에게 그 사연을 털어놓기도 한다. PC 통신의 '신혼방'에서도 첫날밤에 그냥 잔 스토리가 나온다.

너무나도 힘들어서 씻기도 싫었다. 에고…… 그래도 첫날밤인데…… 내가 먼저 씻고 담에 신랑보고 씻으라고 했다. 안 입던 야들야들한 잠옷까지 입고 나니…… 왠지 무지하게 쑥스러웠다. 침대가 하도 넓어 잠시 누웠다. 두근반 세근반 합이 세근반……
"야 일어나!"
"으응, (자다 깬 목소리로) 다 씻었어?"
"씻기는 어제 씻었지…… 잘 잤냐?"
"어제 씻다니?"
"빨랑 씻어. 아침 먹으러 가야지……"
"엥??"
"너 어제 그냥 곯아떨어졌어."
왕 챙피…… 왕 황당함…… 불쌍한 우리 서방님…… 첫날밤은 그렇게 끝났다. (유니텔, 1995년 12월 13일 게재)

그 신부는 그냥 잤기 때문에 그 다음날 "황당"해서 어쩔 줄 몰랐다는데, 왜 황당했을까? 해야 할 일을 마무리짓지 못해서? 긴장해야 할 신부가 퍼져 있어서? 아름다운 추억의 한 장면을 잃어버려서? 첫날밤을 그냥 잤다는 뉘앙스는 연옥이 풍기는 뉘앙스만큼이나 묘하다.

피곤하지 않아도 첫날밤은 그냥 잘 수밖에 없는 상황도 벌어진다. 신혼 부부가 몰려오던 1980년대에는 예약을 하고 와도 빈 객실이 없는 경우가 있었다. 한 번은 무려 30쌍이나 호텔 객실 밖에서 잔 적도 있었다. 미리미리 예약을 하지 않은 경우에는 새벽 2~3시가 되도록 호텔 주위를 돌면서 빈방이 나오기를 고대하는 경우가 많았다고 한다. 첫날밤, 호텔 객실 안에도 못 가고 바깥에서 새워야 했다면 추억으로나 재미있는 연옥이었으리라.

천국: "첫날밤인가, 천날밤인가?"

"첫날밤요? 천날밤이죠." 1996년 11월 제주로 찾아온 한 신랑에게 첫날밤에 대하여 물어보자 이렇게 당당하게 말한다. 천날밤인지 아닌지는 모르지만, 한 호텔의 직원은 신혼 부부가 자고 간 침대 시트는 요즈음은 깨끗하다고 전한다. 지난날에는 신부가 창피해서 시트의 한쪽 구석을 말아놓고 가는 일이 흔했다고 한다. 신랑이 이미 저질러놓았기 때문이란다. 진짜 첫날밤이 아닌, 그 첫날밤의 기쁨을 소설가 박완서는 이렇게 그리고 있다.

민수와 우희의 초야는 즐겁다. 파도 소리도 솔바람 소리도 없건만 즐겁다. 그것이 실질적인 초야가 아니기 때문에 더욱 즐겁다.

죄의식과 조바심으로 신경을 곤두세우고 뭔가 훔치는 것처럼 조급하고 조급하게 갈기갈기 물어뜯을 것처럼 미워하고 사랑하며 서로를 탐한 경험 때문에 허락된 환경에서 마음놓고 하는 사랑이 더욱 즐겁다.

죄의식과 조바심으로 위축됐던 감각의 미세한 부분까지 기를 펴고 경이의 눈을 뜬다. 마침내 우희의 몸은 농익은 수밀도처럼 부드럽고 달콤해진다. 농익은 수밀도처럼 온몸의 꺼풀 밑에 단물이 흐른다. 우희는 돌연 울고 싶도록 황홀해지면서 남자와 여자가 사랑을 완성하는 데 육체가 지닌 의미를 비로소 알 것 같다. (박완서, 앞의 글, 1985, pp. 276~77)

"성은 아름다워요"

외국 영화에서 본 것처럼, 신랑은 신부를 번쩍 안아서 침대로 옮긴다. 생각보다 무겁지만 그래도 가볍게 드는 것처럼 미소를 띠어본다. "사랑해." 신랑의 속삭임이 신부의 귓가에 스치면, 신부는 고개를 숙인다. 신랑이 신부의 옷을 하나하나 벗긴다. 급하다. 꽁꽁 여민 커튼 사이로 달빛이 떨어진다.

1년 간 연애 끝에 결혼했다는 울진에서 온 신부는 "성은 아름다워요"로 첫날밤을 보낸 소감을 전한다. 행복한 미소가 가득하다. 소개받은 지 두 달 만에 결혼한 기독교인인 신랑은 첫날밤을 보낸 후 성에 대한 부정적인 생각이 사라졌다고 한다. 그는 소설이나 매스컴에서 성을 너무 자극적으로 묘사하거나, 추하거나, 타락한 것으로 묘사해서 성에 대하여 부정적인 생각을 갖고 있었다고 한다. 중매 결혼이라 서먹서먹했는데 '육체적 연합' 이후 서로 더 잘 이해하게 되고, 마음도 연합되었다고 한다. 함께 있던 신부는 "하나님도 성은 아름답다"고 했음을 강조하면서 역시 "성은 아름다워요"라고 한다. "성이 아름답다"라고 말할 수 있으면, 그들의 첫날밤은 천국에 속하리라.

영원한 첫날밤

아름답고, 즐겁고, 기쁘고, 황홀한 첫날밤의 의례를 영원히 하고 싶은 마음은 그 하나하나의 순간들을 사진에 남기고자 한다. 특히 신부의 아름다운 누드, 신랑과 신부의 사랑과 성의 장면을 남겨두고 싶어한다. 개인에 따라, 시대에 따라 사진으로 남겨둘 수 있는 '가장 야한 장면'의 기준은 다를 것이다. 지금은 '기본'이라는 키스 장면은 한때는 대단히 놀라운 사건이었으리라. 그러나 그 나름대로 상상할 수 있는 가장 '야한' 장면을 첫날밤에 연출해보고 싶다는 것은 같을 것

이다. 키스, 포옹, 신부의 누드, 신랑·신부의 목욕, 신랑·
신부의 침대 위의 장면 등은 사진관에서 현상할 때에 쉽게
볼 수 있다고 한다. 어떤 경우는 신랑·신부의 주문에 의하
여 호텔 지배인이 구해준 사진사가 그들이 관계하는 장면을
세 커트 찍은 적도 있다고 한다. 첫날밤이 아니고 보통 날이
라면 이런 일은 감히 상상도 못 했을 것이다. 첫날밤을 영원
히 기억하고 싶은 마음 때문일 것이다. 이제 부부가 되었으
니 사진관에 현상을 맡겨도 부끄러울 것이 없고, '신혼 여행
중'이라는 단서는 다 이해되어지는 것이니까. 1974년에 결혼
한 한 쌍은 속살이 살짝 보이는 잠옷을 입은 신부의 사진, 둘
이 키스하는 사진을 신혼 여행 후 친척들에게 돌리자, 그 시
절에도 숙모는 "신혼 여행 사진치고 점잖게 찍었다"고 평했
다고 한다. 1965년 신혼 여행 가서 키스를 처음 해보았다는
한 신부는 그것을 사진으로 남기지 못함이 두고두고 아쉽다
고 한다. 아무도 몰래 둘이서만 그 사진을 보면서 첫날밤의
천국을 영원히 기억하리라.

Ⅳ. 다음날

드디어 첫날밤은 지나갔다. 그 하루 저녁은 천국 같았고,
그 밤은 지옥 같았고, 그 어둠은 천국과 지옥이 동시에 존재
했다. 첫날밤이 지나고 다음날 아침 햇살은 꽁꽁 여민 커튼
사이로 들어왔다. 1978~1995년에 결혼하여 옛날 기억을 더

듬어본 신부는 "행복했고" "한 남자의 아내가 되었음을 실감하고" "정말 결혼했구나" 하는 느낌을 가졌다. 그렇지만 "생각만큼 멋있지 않았고" "기분이 좋지도 나쁘지도 않았고" "신선감이 상실되었고" "피곤했다." 그때 신랑은 "황홀했고" "내 여자라는 느낌을 갖게 되고" "뿌듯한 책임감을 느끼고" "체력의 한계"를 느꼈다. 처음 신부와 관계를 가진 신랑은 안도의 한숨을 쉬면서 "별것도 아닌데 걱정했고," 이미 신부와 관계가 있던 신랑은 "부담스러웠던 혼전의 관계와 달리 첫날밤은 무언가 새로운 시작이라는 새로운 의미"를 가질 수 있었다. 신랑·신부가 모두 행복하였다고 말하지만 그 의미 부여에는 섹슈얼리티 *sexuality*의 사회성을 엿보게 한다. 신부가 한 남자의 아내됨을 실감할 때, 신랑은 내 여자임을, 그리고 책임감을 느끼고 있는 것이다.

첫날밤을 전혀 기대하지 않았다는 1996년 제주를 찾은 신랑·신부도 첫날밤 이후의 느낌은 다르다. 기대는 없었는데, 신랑은 "아주 친해진 느낌이에요. 스스럼이 없다고 할까요" "이제 정말 하나가 된 느낌이에요" "앞으로 열심히 살자는 생각이 듭니다"라고 말한다. 신부 역시 "정말 하나가 된 것 같기도 하구요" "이제 정말 부부가 된 느낌이에요" "완전한 사랑의 느낌이죠" "의무감을 느껴요" "인생의 동반자라는 생각이 들어요"라고 전한다. 첫날밤 이후도 별 느낌이 없는 신

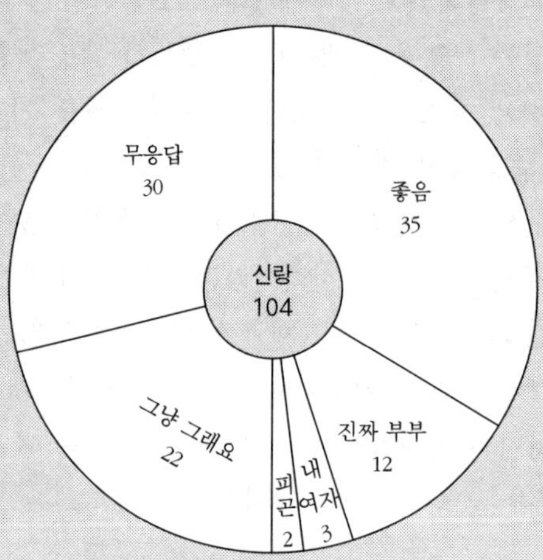

"첫날밤을 보낸 이후의 느낌은 어떠하십니까?"
(1996년 제주)

좋음, 성과 있음, 짜릿, 만족, 성취감, 미안함 (35)
진짜 부부임을 실감, 안도, 믿음 (12)
내 여자 (3)
힘만 빠짐, 피곤 (2)
그냥 그래요, 없다, 담담, 그 전과(평소와) 같다,
의식(儀式)이다 (22)
아직 안 잠, 무응답, 질문 못 함 (30)

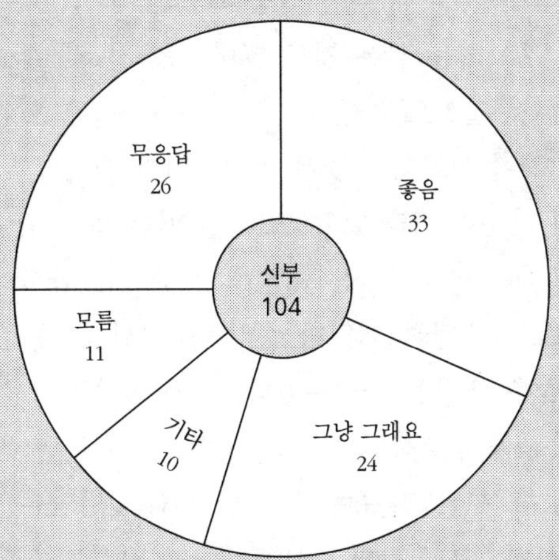

좋음, 결혼 실감, 일체감, 편함 (33)
그냥 그래요, 없다, 담담 (24)
기타(실망, 불안, 내 남자 등) (10)
모름, 표현 곤란 (11)
무응답, 질문 못 함 (26)

랑·신부보다는 "만족" "편함" "일체감"의 긍정적인 느낌을 가진 신랑·신부가 더 많았다. 신부가 신랑보다 다양한 기대가 많았듯이 첫날밤을 지낸 이후의 느낌도 더 다양하고 표현이 많았다. 신랑이 "내 여자"임을 확인할 때, 신부는 "이제는 서로에게 부끄러움 같은 것도 많이 사라진 것 같고" "정말 하나가 된 것 같기도 하구요" "큰 관문을 거친 느낌이에요" "영화에서처럼 아름다운 것은 아니었지만 괜찮았죠?" "그전에 들떴던 기분이 가라앉았어요" "한 배를 탄 느낌이죠" "이래서 결혼하는구나" "다음 여행에 지장이 없을까" "좋았고 행복했어요" "확실히 찍었다" "잘해주어야지" 등등 신랑과는 다른 많은 대답을 들려주었다. 진짜 첫날밤과 결혼식 이후의 첫날밤을 구별하여 들려준 신랑은 "결혼 전 관계는 뭔가 찜찜하고 부담스러웠는데, 결혼 이후 첫날밤은 만족스러웠다"고 한다. 그 신랑의 아내도 "그전 관계는 불안했는데, 이제는 마음이 편안하다"고 한다. 같은 사람과의 성 관계이지만 결혼식이라는 의례를 치른 이후의 성에 대한 의미는 달라지는 것이다. 1996년에 첫날밤을 보낸 신랑도 1978~1995년에 보낸 신랑처럼 "짜릿함" "성취감" "만족감" 등 능동적 또는 지배적인 성의 느낌을 더 많이 가질 때, 신부는 "일체감" "행복" "부부 실감" 등 부부라는 하나됨의 의미를 더 많이 부여하고 있었다.

신랑·신부의 고백처럼, 다음날 신랑·신부의 모습을 가장 먼저 보게 되는 호텔 직원도 신랑·신부의 태도가 도착 첫날과 다음날이 '눈에 띄게' 다르다고 한다.

그 전날 피곤해서 꾀죄죄하던 신랑·신부가 다음날이면 환하게 피어나요. 택시를 기다리며 로비에 앉아 있는데 서로 애무하며, 이거 완전히 어젯밤의 연속이에요. (제주시 호텔 직원)

오는 날은 신랑이 술에 취해 오는 경우가 많아요. 피곤해 보이고요. 다음날은 아주 밝은 얼굴이에요. (서귀포 중문 호텔 직원)

그 다음으로 신랑·신부를 만나는 안내 기사는 하루종일 시간을 함께 보내므로 좀더 자세히 신랑·신부의 변화된 모습을 보게 된다. 기사들은 우선 중매 결혼을 한 부부와 연애 결혼을 한 부부의 태도가 다르다고 한다. 연애 결혼인 경우는 다음날 신랑·신부의 태도에 큰 변화가 없다고 한다. 피곤해하기도 하지만, 조금 더 친밀감을 표현하는 정도가 대부분이라고 한다. 그러나 중매 결혼한 부부인 경우, 다음날 "환희에 찬 모습"으로 등장하거나 "더욱 친밀하게" 행동하거나 오히려 "더 어색해"한다고 한다. 지난날에는 신부가 밤새 울어서 눈이 퉁퉁 부은 채 나타나서 차 안에서도 계속 눈물을 흘리곤 했었지만, 요즈음은 어쩌다 가끔 신부의 부은 눈을 볼 수 있다고 한다. 이미 신부가 임신을 한 경우나, 동거 이후 결혼식을 한 경우에도 공식적으로 인정받은 상황에서 함께 하룻밤을 지냈다는 감회는 남다른 것 같다. 다음날의 태도는 더 당당하다. 한 신부는 "혼수 1호가 임신이죠"라고 안내 기사에게 농담을 건네면서 자신의 임신을 더 이상 부끄러워하지 않았다.[9] 동거를 2년 이상 하다가 여행을 온 신부도 이제는 남자 친구가 남편이라는 느낌이 든다고 한다.

---

9) 신혼 부부를 자주 접하는 안내 기사, 호텔 직원, 쇼핑센터 직원들은 이구동성으로 임신한 신부가 "엄청나게 많다"고 한다. 한 안내 기사에 의하면 임신 상태를 알아볼 수 있는 경우만 하더라도 보통 때는 10쌍에 2~3쌍, 여름에는 5~6쌍 정도라고 전한다. 다른 기사는 최소한 40%로 잡는다. 호텔 직원은 임신 여부를 숫자로 말하기는 어렵지만 가끔 신부의 유산으로 병원차를 급히 부르는 사태가 일어난다고 한다.

4. 여행과 관광

I. 관광의 시작

첫날밤, 그런 것보다 외국 나가서 한번 신나게 놀자 하는 기분이었어요. 비수기에 떠나서 단체 여행은 못 하고 개별적으로 다녔는데 사이판에서 가이드를 잘 만났어요. 가이드랑 셋이서 거의 시간을 보냈는데 짧은 영어지만 서로 재미있게 말하면서 친해졌어요. 전혀 바가지 씌우는 것도 없고, 낮에는 운치 있는 장소로 안내해주고, 밤에는 생맥주 집으로 데려다주었어요. 좋아하는 곡도 신청해주었어요. 낮게 뜬 구름이며 깨끗한 해변가가 특히 인상에 남아요. 사진도 찍어주고 비디오도 찍어주었어요. (1995년 사이판 여행, 신부)

미리 태국에 대하여 좀더 알고 갈 것을, 후회가 되었어요. 처음 해외 여행이라 불안해서 패키지 여행으로 했어요. 4커플이 함께 다녔는데 일정이 너무나 빡빡해서 밤 12시나 되어야 호텔로 들어오곤 했어요. 파타야 해변의 물은 바닥이 다 보이도록 깨끗했어요. 야한 쇼도 보고, 태국에 왔으니 태국의 킥복싱도 구경했어요. 패키지로 오니까 자유 시간이 없어서 신랑과 대화할 시간이 전혀 없었어요. 신혼 여행은 단체로 올 것이 아닌 것 같아요. (1994년 태국 여행, 신부)

여행사를 통하여 왔어요. 어제는 갑순이 · 갑돌이 나오는 데 가보고, 굴도 보고, 정 무슨 폭포도 보고, 오늘은 산굼부린가 거기도 갔어요. 기사가 시키는 대로 가서 사진 찍고, 음식점에 가고요. 제주 토속 음식이라는 물회를 먹었는데, 맛이 이상해서 먹기 어려웠어요. 기사 아저씨는, 야, 잘 먹데요. 뚝배기는 맛있었어요. 어제는 단란주점 가서 맥주 한잔 마셨고, 오늘 저녁에는 호텔에서 하는 신혼 축제에 갈 거고요. (1996년 제주 여행, 신랑)

어릴 적부터 꿈꾸어왔던 고도의 신비, 인터넷 화면에 가득 찼던 파리의 거리, 이제 그 환상의 여행 코스를 떠난다. 그 오랜 꿈은 각자의 환상의 세계로 가고 싶어하는 신랑과 신부의 욕구간의 타협과, 시간 · 경비 등의 현실적인 상황과의 타협과, 그 속을 비집고 들어온 여행사의 전술에 의하여 현실화된다. 무인도에 둘만 있고 싶은 환상은 여러 커플을 함께 남겨주는 여행사의 신혼 여행 상품으로 타협한다. 열흘 간의 유럽 배낭 여행은 회사 사정으로 사흘 간의 태국 여행으로 바뀌어진다. 어디든지 해외로 가고 싶은 꿈은 경비 문제로 제주도로 향한다. 그렇지만 그 결정은 보통 때와 달리 '일생에 한 번뿐인' 이유로 가장 관대한 타협의 끝이다.

1974년에 결혼한 신부는 그때 경비 문제로 주저하는 신랑에게 "제주도가 아니면 신혼 여행을 가지 않겠다"고 선포했다. 신부는 누구라도 부러워하는 최고의 여행지로 가고 싶었었다. 그러나 당시 비행기 요금은 오늘날에 비하여 상대적으로 비쌌고, 택시 관광의 경비는 택시 기사의 한 달 월급과 맞먹을 정도였다. 신부의 이 협박은 결국 이루어졌지만, 여행 과정에서 절약하는 조건이 붙여졌다. 1996년도 제주로 온 신랑·신부는 "우리나라부터 알려고" "쉬기 위하여" "직업상 해외로 갈 수가 없어서" "해외로 갈 시간이 없어서" "돈이 없어서" 제주를 선택했다고 한다(밝히지 않는 또 다른 이유로는 신부의 임신이 아닐까? 오래 비행기를 타야 하는 곳, 수영복을 입어야 하는 곳, 레포츠가 주가 되는 곳이라면 주저할 것이다). 1990년대에 들어서면서 '해외'라는 유혹에 밀려서 제주의 선택은 지난날과 달리 현실적 상황을 더 고려한 최선의 타협이 되었다. 1990년대 이전만 하더라도 인기 있는 기사는 하루에도 17~20쌍씩 예약이 들어와서 동료 기사들에게 나누어주곤 했지만, IMF 시대가 오기 이전까지만 해도 지방 연줄만 남아 있었지, 서울 연줄은 끊어졌었다고 한다.

최선의 선택을 한 신혼 부부는 이제 관광을 시작한다.

1978~1995년 (경험담) 제주도가 아닌 곳	동행의 여행, 자유, 새출발, 사랑 확인, 볼거리, 섹스쇼, 사진, 경치, 다양한 문화, 첫날밤, 해외라는 사실, 친절
1996년 제주도	사진 찍는 것, 함께 있는 것, 잠, 기사 친절, 승마, 음식, 경치, 첫날밤, 회를 먹은 것, 깨끗한 공기, 한가한 것, 다른 신혼 부부와 어울린 것

1978~1995년 (경험담) 제주도가 아닌 곳	바가지, 날씨, 교통, 틀에 짜인 계획, 음식, 의사 소통, 숙박
1996년 제주도	제주도가 전부 돈(너무 비용이 든다), 여행 스케줄, 교통, 음식, 바가지, 호텔 시설, 호텔 위치가 시내에서 먼 것, 사진 기사의 명령

'허니문 시즌'이라고 불리는 3월말부터 5월말, 9월 중순부터 11월말의 토, 일요일에는 신혼 부부들이 제주 공항으로 쏟아져나온다. 토요일 오후 6시부터 시작하여 마지막 비행기가 도착할 때까지, 그리고 일요일 오후 내내, 제주 공항은 신혼 부부들로 부쩍거린다. 토요일의 마지막 비행기 좌석은 거의 신혼 부부가 차지하고 있어서 일반 손님은 미리 예약하지 않으면 자리를 확보하기도 힘이 든다. 1996년에 가장 많이 신혼 부부가 온 날은 11월 16(토), 17일(일)인데 무려 5천 쌍이나 되었다(제주일보, 1996년 11월 19일. 도 관광협회의 집계에 의하면 1996년에 제주를 찾은 신혼 부부는 34만 7천 5백 88명이었다. 중앙일보, 1997년 2월 12일). 리무진이나 택시로 직접 호텔로 가는 부부가 대부분이지만, 기사들이 마중나오는 경우도 많다. 많은 기사들이 팔이 아프도록 신랑·신부의 이름을 적은 피켓을 들고 기다리고 있다. 비행기가 연착하여 늦은 경우에는 몇 시간이고 들고 서 있다. 그 기사들은 자신들을 비난하는 신문 보도나 TV 뉴스가 나오면 "공항에 한번 와 보라"고 간단히 응수한다.

대부분의 신혼 부부들은 여행 스케줄이 미리 결정되어 있어서 금방 사라지지만, 하루에 10~15쌍은 공항의 관광 안내원을 찾는다고 한다. 더러는 여행사 직원을 만나지 못하는 경우도 있지만, 대부분은 숙박이나 교통편을 문의한다고 한

신혼 여행지에 도착. 피켓을 든 안내 기사들이 신혼 부부들을 기다리고 있다(제주 공항).

다. 신혼 여행을 오는데 숙박도 예약하지 않고 무작정 오다니! 직원의 설명에 의하면, 이들은 이미 제주를 방문한 적이 있거나, 사전에 예비 지식을 갖고 오기 때문에 오히려 까다롭다고 한다. 즉 경비를 가장 절약하는 방법을 선택하려는 의도라고 한다. "사진 촬영은 안 하겠다" "비디오 촬영은 안 하겠다" "교통편은 저렴한 가격으로 하겠다" 등이다. 최고로 호화스럽게 하겠다는 신혼 부부들이 있는 반면, 최고로 절약하는 여행을 하겠다는 부부들도 있다. 그들은 주로 렌터카를

선호하며, 그래도 호텔을 원하지만 주말에는 호텔이 없어서
여관이나 모텔에 숙박하게 된다고 한다. 숙박, 교통 등의 최
종 결정은 중매 결혼인 경우에는 남자가 결정하고, 연애 결
혼인 경우에는 서로 의논하고, 동거하다가 온 경우에는 여자
가 주로 결정한다고 한다.

II. 관광 코스

1) 여행지

"태양 *sun*, 바다 *sea*, 운동 *sports*, 섹스 *sex*" 즉 4S의 상징지
를 좋아하는 다른 관광객처럼[1] 신혼 부부도 그런 곳을 좋아
한다. 제주도, 사이판, 태국, 하와이, 동남아 일대의 섬 등지
가 늘 인기가 높다. 무엇보다 신혼 여행지로 선호되는 곳은
이제 비행기를 타고 가야 하는 곳이어야 한다. 시간, 경비,
비자 문제로 여행지 선택에 대한 타협이 불가피해도 '물을
건너가는 곳'이어야 한다는 원칙은 거의 바뀌지 않는다. 저
멀리 바다 건너에는 이색적이고 낭만적이고 환상적인 그 무
엇이 있으리라는 기대와 '비행기를 탄다'는 또 다른 숨은 기
대가 있기 때문이다.

내 머리털 나고 처음 비행기 타보았다. (1974년 제주 여행,

---

1) 넬슨 그래이번, 앞의 글, 1987, p. 43.

신부)

내 머리털 나고 처음 비행기 안타봤나. (1983년 제주 여행,
신랑)

비행기를 처음 탔거든요. 멍했어요. (1996년 제주 여행, 신
랑)

비행기를 처음 탔어요. (1996년 제주 여행, 신랑)

신혼 여행의 첫 감상을 물어보는 나에게 1974년도에 결혼
한 신부에서부터 막 결혼한 신랑에 이르기까지 공통된 대답
이 비행기를 처음 탄 것이었다. 신혼 여행! 그 꿈속의 꿈같
은 여행길, 처음 보는 제주의 아름다운 관광보다 그리고 첫
날밤의 추억보다 비행기를 처음 타본 것에 훨씬 강하게 감명
을 받은 것이다! 비행기를 처음 타보았다. 내가 날고 있고,
그 높은 빌딩은 장난감만해지고 구름조차 내 눈 아래 둥둥
떠 있었다. 흐린 날, 모든 것이 뿌옇게 보여도, 그래도 '내가
처음 비행기를 탔다'라는 그 흥분은 조금도 덜해지지 않는
다. 제주도의 신혼 여행길은 그 비행기를 생전 처음 탈 수 있
는 기회를 줌으로써 화려한 여행지로 등장할 수 있었다.

비행기를 탈 필요성이나 기회가 적은 우리나라의 대다수
신랑·신부에게 비행기는 특별한 이미지를 갖고 있다. 종이
비행기 접기, '떴다 떴다 비행기' 노래, 하늘에 하얀 줄무늬
를 남기며 재빨리 사라지는 작은 새에서부터 과학의 발전,

물을 건너간다는 희망, 국제적인 비즈니스용, 상류층의 호화 휴가 등 신분의 상징에 이르기까지 다양한 이미지를 갖는다. 지적이면서도 아름다운 스튜어디스가(여자들이 부러워하는 직업을 획득한 그들이) 고객에게 격조 높은 서비스를 해주는 곳이 비행기이기도 하다. 다른 교통 기관보다 상대적으로 비싼 요금을 물어도 그래도 행복한 비행기 탑승 순간이다. 이제 '나도 해외로 가보았다'라는 새로운 감명에 비행기를 처음 탄 흥분을 양보하고 있지만, '머리털 나고 처음 타 본 비행기'의 역사적 사건은 아직도 이어지고 있다.

2) 정형화

환상과 현실간의 타협에서 이루어진 신혼 여행, 다시 신혼 여행의 메커니즘과 마주친다. 처음으로 비행기를 타고 온 흥분이 가라앉으면 호텔에서부터 여행 일정, 식사 메뉴, 선물 종류, 사진 포즈에 이르기까지 거의 미리 결정되어 있는 패키지 상품을 열어보게 된다. 제주도의 관광지를 돌아보면 어떤 경로를 이용했든지간에 신혼 부부의 70~80% 정도는 안내인 겸 사진 기사를 고용하고 있다(여러 안내인에 의하면 제주로 오는 신혼 부부 중 40% 정도가 여행사를 통하여 오고, 30%가 개별적으로 택시 기사를 소개받아서 오고, 나머지 30% 정도는 렌터카를 이용한다고 한다. 도 관광협회의 조사에 따르면 신혼 부부들은 전세 버스를 26.6%, 택시를 33%, 렌터카를 33.6%

비율로 이용한다고 한다. 제주일보, 1996년 12월 18일). 그리고 대부분 여행사나 고용된 안내 기사가 신혼 여행의 코스를 안내, 또는 결정하고 있다. 신혼 부부가 아침 9시쯤 호텔 앞에서 대기하고 있는 중형 택시나 전세 버스를 타는 순간에서부터 다시 호텔로 돌아오는 시간까지. 때로는 그 이후의 시간까지. 그 오랫동안 기다려왔던 환상의 여행은 이미 결정되어 있었던 것이다. 그것도 다른 신랑·신부의 여행과 같은 모습으로. 여행은 이미 짜여진 스케줄에 따라 시작되고 진행된다. 신혼 부부들은 같은 관광지에서 같은 설명을 듣고 같은 장소에서 같은 포즈로 사진을 찍고 같은 모양의 앨범을 받으면서 같은 추억을 갖는 회전목마에 오르게 된다. '신혼 여행의 정형화'로 가끔 비판적인 글이 나오는 것도 이 부분이다.

예약이 순조로워 첫날밤을 잘 지낸 신혼 부부라도 다음날부터는 도망갈 여지 없이 잘 짜인 신혼 여행 메커니즘에 매이게 된다. '남는 것은 사진뿐이다'는 대원칙은 혼례에 그치지 않고 신혼 여행에도 그대로 따라붙어 막강한 힘을 쓴다. 다만 그 힘을 쓰는 이가 제주에서는 택시 기사로 바뀔 뿐이다. 〔……〕 아침 아홉시부터 저녁 여섯시까지 빡빡한 일정에 단체 행동을 해야 한다 해서 흔히 '수학 여행'에 빗대지는 버스 관광은 운전 기사, 안내원, 사진 기사, 비디오 기사 해서 말하자면 '인솔 교사'가 넷이며 그 역할 분담이 확실하다. (「비디오 신혼 여행 —

제주도의 최신 유행」, 『샘이 깊은 물』, 1990년 5월호, pp. 139~42)

　　패키지 여행, 그 중에서 우리는 패키지 신혼 여행으로부터 '경험의 사회적 제도화'와 연관된 재미있는 사실을 발견할 수 있다. 가령 제주도로 신혼 여행을 다녀온 사람은 누구나 경험한 것이지만 세대별로 서로 비슷한 사진들을 다 갖고 있다는 사실이다. 〔……〕 이제는 제주도로 신혼 여행을 갔다 온 사람도 많고 제주도로 신혼 여행을 갔다 올 때마다 서로 '똑같은 사진'을 하도 많이 갖고 와서 식상한 터이지만, 바로 이 식상한 체험이 20대 중후반~30대 초반의 남녀들이 사회적으로 공통된 '평균 경험'을 하고 있다는 반증이 된다. (이득재. 「패키지 신혼 여행」, 『문화과학』, 1995년 봄, p. 142)

얼마나 정형화되었을까?

신혼 부부들을 한번 따라가본다. 1970~1980년대, 중매로 만난 신혼 부부가 더 많았을 때는 첫 출발이 무조건 5·16 도로(제1횡단도로)였다고 한다. 이 도로를 만든 당시의 일꾼(육지의 '깡패'들을 모아 강제로 일을 시켰다고 한다)들이 도로를 만들면서 무슨 생각을 했든지간에 기사들은 이 도로를 '사랑의 길'로 만들어버렸다. 어색하게 서로 떨어져 있으려고 하는 두 사람을 커브길에서 휙휙 돌면서 자연스럽게 붙게 만든다. 유난히 꼬불꼬불한 이 산길을 다 돌 때쯤이면 두 사람의 얼굴도 부드러워진다고 한다. 이제는 더 이상 5·16 도로가 첫 출발이 아니다. 기사를 고용할 경우 가게 되는 관광지는 성산, 목석원, 산굼부리, 민속촌, 천지연폭포, 정방폭포, 허니문 하우스, 승마장, 중문 여미지, 한림 공원 등이다. 계절에 따라 가까이에 있는 유채꽃밭이나 억새밭에도 간다. 신혼 부부를 따라가보면, 관광지에 도착, 기사가 정해준 장소에서 정해준 포즈로 사진 찍기, 설명 잠깐 듣기(단체로 오면 시간 관계상 생략될 수 있음), 바쁘게 차 도로 타기, 다음 관광지로 가기이다. 서울에서 만난 한 신혼의 남성이 이 상황을 잘 말해준다.

어디가 좋았느냐고요? 하나도 모르겠어요. 그저 포즈 잡고, 사진 찍고 오느라고 어디가 좋았는지 아닌지. 서울로 왔더니 어이구, 다 같은 사진들이에요. (1996년 봄 제주 여행, 신랑)

앨범을 계약한 신혼 부부들은 더욱 바쁘다. 그렇지만 누구나가 그 신혼 부부가 관광지에서 무엇을 할 것인지 예측할 수 있다. 그 장소에서 그 포즈로 사진을 찍고, 그 기사를 따라 도로 바삐 나갈 것임을. 신혼 부부들을 지켜보던 한 관광객은 "사진을 찍으러 왔나, 신혼 여행을 왔나" 하고 탄식을 한다. 그러자 그 옆의 관광객은 "남는 것은 사진뿐이잖아, 저럴 때 아니면, 언제 저런 사진을 찍어보나" 하고 신혼 부부들을 옹호해준다.

사진 포즈만 같은 것은 아니다. 관광지에 대한 기사의 설명도 같다. 신혼 부부에게 막 설명을 마친 기사에게 내가 녹음기를 들고 설명을 다시 청하자 그 기사는 나의 녹음기보다도 우수한 성능으로 똑같은 설명을 해준다. 농담도 같다. 그 농담을 하는 기사의 표정, 듣는 신랑의 표정도 같다.

1996년 10월 13일, 허니문 하우스에서

약 15~20쌍의 신혼 부부가 1시간 사이에 바다를 배경으로 찍은 이 코스를 지나갔다. 3쌍 정도가 정장 차림이고 모두 청바지 등의 캐주얼 차림이다. 다른 여행객들과 구별되는 것은 신랑·신부가 같거나 비슷한 디자인의 윗도리를 입은 점과 모두 택시 기사 겸 사진 기사를 동원하고 있다는 점이다. 그들은 예외 없이 기사의 명령에 따라 포즈를 취하고, 사진 찍는 코스를 쭉 돈 이후, 재빨리 사라졌다.

바다가 보이는 전망 좋은 곳에서(사진 참고)

사진 기사 1: 신랑, 허리를 좀더 구부리고, 신부는 신랑 허리를 감고.

2: 배꼽 밀착!

3: 입술 밀착!

4: 이번만 찍으면 돼요. 쉴 수 있어요.

신혼 부부들은 같은 장소에서 같은 포즈를 취하면서 정형화되어 있는 신혼 여행 코스를 밟는다(서귀포, '허니문 하우스').

5: 서로 마주보세요. 신부, 신랑의 가슴에 손을
   대고.

남근상 앞에서(사진 참고)
사진 기사 1: 무엇인지 보세요. 어, 거기에 앉으면 안 돼
   요. 어디인 줄 알고 앉아.
   2: 무엇인 것 같아요?
   3: 옛날에는 내 주먹만했는데, 지금 저렇게 커
   졌어요.
   4: 신부만 돌을 안아요 안아.
   5: '허니문 하우스'에 왜 오는데요. 저것 때문에
   여기에 오는데.
   6: 옛날에는 작았는데 제주를 찾아주는 신부 때
   문에 점점 커졌어요. 신부가 더 많이 오면 더
   커질 것입니다.

단 한 사람의 예외도 없이 이 바윗돌에 오면 기사들은 빙
긋빙긋 웃으면서 "저게 무엇처럼 생겼어요?" 하고 꼭 신부
에게 묻는다. 자세히 쳐다본 신부가 가장 많이 하는 답은
"버섯"이다. 기사는 농담만 하지 답은 가르쳐주지 않는다.
신랑이 신부의 귀에 대고 정답을 말해주면, 신부는 깔깔거리
며 웃기도 한다. 대부분 기사의 의도는 모르는 채, 남근 모양

남근상·여근상 사진 찍기도 정형화된 신혼 여행 코스에서 빠지지 않는다(서귀포, '허니문 하우스').

을 한 이 바위를 신부가 안은 모양의 사진이 찍히게 된다.

여근상 앞에서(사진 참고)
남근상만큼 기사들이 애호하지 않지만, 일부 기사들이 남근상 옆의 바위를 여성 성기를 상징한 것으로 삼았다.
사진 기사 1: 신랑은 살살 문질러요.
　　　　　2: 그 돌은 문지르면 물이 나와요.
신부가 남근상을 안고, 신랑은 여근상을 문지르고 있으면, 찰칵. 다음 코스로 사라진다.

1996년 12월 10일, 산굼부리에서
추위에도 불구하고 평일 오후 산굼부리를 찾는 사람들은 거의 신혼 부부와 기사들이었다. 기사와 함께 온 경우가 70% 정도이고, 신혼 부부들끼리 사진을 찍는 경우는 30% 정도로 보였다. 일반 관광객들이 놀라움을 표시할 정도로 신혼 부부들이 줄을 이어 계속 계단을 올라가고 있었고, 넓은 곳곳에서 사진 촬영이 이루어지고 있었다. 이날은 유난히 한복 차림이 많았다. 연분홍 꽃치마 위에 때깔나게 곤색이나 까만 마고자를 걸쳐입었다. 파란 저고리에 빨간 치마를 입은 한 신부는 계단을 올라가느라고 치마를 올려 잡아서 하얀 속치마가 다 드러났다. 버선과 빨간 꽃무늬가 있는 꽃신을 신고 있었다. 머리는 뒷목덜미가 보이게 올리고, 분홍 색깔의 꽃장식을 했다.

산굼부리는 푹 패인 분화구인데 옆으로는 넓은 들이 펼쳐져 있다. 한쪽으로는 억새밭이 있는데, 하도 사진을 많이 촬영하여 길이 쭉쭉 나 있고, 억새는 더러더러 누워 있었다. 개별적으로 온 경우는 신랑·신부가 서로 자연스러운 포즈를 취하면서 찍고 있었고, 기사와 함께 온 경우는 예외 없이 고정된 장소에서 고정된 포즈로 사진을 찍고 있었다.

"산굼부리라, 제주도 사투리로 분화를 부리라 합니다. 산굼부리는 제주도에서 유일하게도 넓고, 백록담보다도 넓습니다. 에, 해발 438미터, 에, 넓이 구만여 평, 높이 140미터, 둘레 2.7킬로 이렇게 되죠. 에, 요 산굼부리는 아무리 센 바람이 불어도 바람이 불지 않아 이 안에는 포근하죠. 산짐승, 날짐승의 휴식처가 되는 곳이죠……" 긴 설명을 마친 안내 기사는 바로 뒤돌아선 후, 내려다보이는 넓은 땅을 가리키며 설명을 계속한다.

"저기 보이는 데서 민속 마을까지가 다 ○○○의 땅이에요. 460만 평이나 됩니다. 개인 소유는 거의 없어요. 살 때 시가는 평당 15원에서 30원하던 것이었는데, 작년 시가가 평당 4만 9천 원이었어요."

20대 중반의 젊은 사진사는 일곱 쌍을 차례차례로 사진을 찍어주고 있었다. "다음 촬영!" 하면 기다리던 다음 쌍은 포즈를 잡고 사진 촬영에 임한다. 잎이 다 떨어진 큰 나무 아래에서 신부가 먼저 책을 보고 있다. (포즈가 완성되면 찰칵) 다음, 신랑이 와서 신부의 책을 받아 그 책을 오른손에 쥐고 팔을 들어 먼 곳으로 향한다. 신부는 여전히 앉아서 같은 방향을 본다. (포즈가 완성되면 찰칵) 7쌍을 똑같은 포즈를 취하게 하려면 기사는 부지런해야 한다. "이렇게요" 하고 직접 포즈를 취하여 보여준다. 급하면 뛰어가서 신랑·신부의 어깨를 잡아준다. "아이고 신부님, 너무 앞으로 나왔어요" "신부님, 신랑님. 어깨 좀 들어봐. 좀 가까이 와." "신부님 요렇게 잡지 말고 편하게 편하게." "신랑님 들어가시고요. 어깨 잡고." "고 상태에서 오케이." "촬영합니다. 됐습니다요." 유능한 사진 작가는 어깨 높이, 손가락 모양, 다리 자세, 고개의 기울기 등까지 일일이 체크하여 7쌍의 사진을 완벽하게 똑같이 만든다. 7쌍의 신랑·신부는 자기 차례를 기다리고, 찍고, 다음 코스에 가서 대기한다. 아무도 왜 그러한 포즈를 잡는지, 어깨를 왜 그 각도로 해야만 하는지 물어보지 않는다. "다음 촬영!" 사진 기사의 목소리가 높다.

1997년 5월 5일, 중문 여미지에서
해마다 여미지 '잔디 마당'에서는 어린이날 행사가 열린다. 이날은 가까이 있는 천제연 폭포에서 칠선녀 축제가 열리고 있어서 더욱 많은 관광객이 찾아왔다. 잔디 마당에는 행사에 참여하기 위해서 온 어린이들보다 신혼 부부들이 더 많이 눈에 띈다. 일부는 정장이지만 가을, 겨울철보다는 캐주얼 복장이 훨씬 많다. 15~20쌍 정도가 단체로 비디오 촬영하는 곳이 세 곳이다. 그리고 개별적으로 비디오 촬영을 하는 신혼 부부가 곳곳에 있다. 야외의 잔디 마당에는 비디오 촬영으로 북적대고, 실내의 식물원에도 기사와 함께 온 신혼 부부의 사진 촬영으로 붐빈다. 신랑·신부만 온 경우에도 꽃들을 배경으로 서로서로 사진을 찍어주기에 바쁘다.

잔디 마당의 비디오 촬영은 신랑·신부가 게임이나 춤으로 자유롭게 즐기는 장면을 찍는 것이 아니라 이미 만들어진 각본대로 한 편의 '영화'를 만들기 위하여 찍고 있었다. 사회자 겸 촬영 기사가 게임을 지시하고 촬영이 이루어진다. 지시대로 게임이 이루어지지 않으면 다시 게임을 하고 촬영을 한다. 부부가 서로 마주보고 앉아서 뽀뽀하기, 부르는 숫자만큼 모이는 게임, 「산토끼」 「송아지」 노래에 장단 맞추기, 신랑을 빙글빙글 돌려서 어지럽게 한 후 신부 찾기 등의 게임이 벌어지고 있었다. 자기 차례가 되면 열심히 하고, 차례가 아닌 경우는 하품을 하면서 지겨워하는 모습도 보였다. 개인별로 온 경우에도 "다시, 다시 하세요, 아직 안 찍었어요. 같이 손잡고 뛰어가서 저 아이 뒤를 한바퀴 돌고는 신랑이 신부를 업고 오세요" 하는 지시가 내려졌다. 이 지시에 따라 신랑·신부는 여러 번 뛰는 포즈를 취해야만 했다. 각

신혼 여행용 비디오 촬영까지도 정형화되어 있다(중문, 여미지).

본대로 찍을 촬영을 위해 웃고, 노래하고, 뽀뽀하고, 춤추고 있었다.

다른 관광지, 천지연 폭포나 성산 일출봉에 가더라도 배경만 다르지 신혼 부부들의 태도와 행동은 거의 비슷하다. 이 예측할 수 있는 행동은 제주도에서만 볼 수 있는 것은 아니다. 제주도의 경우, 그나마 저녁에는 자유 시간이 주어지지만, 해외로 패키지 여행을 간 경우에는 저녁 시간에도 거의 결정된 일정에 따르게 된다. 교통, 언어, 정보 등의 부족과 안전상의 이유로 해외에서는 짜여진 일정 밖으로 나가기가 더욱 어렵게 된다.

1997년 2월에 나는 태국으로 갈 기회를 가질 수 있었다. 내가 만난 태국 현지 가이드에 의하면 신혼 여행 부부는 거의 여행사를 통하여 온다고 한다. 개별적으로 오지만 단체로 움직이게 된다. 이미 일정은 여행사가 결정했고, 가이드가 그 일정을 수행하는 역할을 맡는다. 주로 여자나 젊은 사람이 가이드를 맡는데 일정은 거의 같기 때문에 한 가이드는 "수레바퀴와 같다"고 표현할 정도이다. 방콕 공항에 예약된 가이드가 나와서 신혼 부부를 호텔로 안내해준다. 주로 한국인이 가는 호텔이다. 아침 뷔페에는 거의 100%가 한국 사람으로 가득 차고, 김치까지 준비되어 있다. 가이드는 방콕 시내 관광 후 한국 사람이 경영하는 음식점, 한국 사람이 운영하는 쇼핑 센터에 데려다준다. 여행사의 가격 파괴를 메우는 방법으로 음식점이나 쇼핑 센터로부터 버스를 제공받는 등의 이면 계약이 있기 때문이다. 한국 여행객을 상대로 하는 가게는 다른 일반 가게보다 더 비싸다. 비교적 가격이 싼 아이스크림조차도 바로 뒷골목의 태국 가게보다 한국 가게에서는 꼭 2배를 받고 있다. 한국 내에서는 음식이나 물건의 가격을 짐작할 수 있지만, 해외에 나가서는 그러한 비교가 어렵다. 바가지인 줄도 모르고 바가지를 쓸 수밖에 없는 상황이 벌어지기 쉽다. 방콕에서 세 시간쯤 걸리는 파타야로 가면, 오전에는 해변 관광, 오후에는 코끼리 쇼, 킥복싱, 민속춤 관광 등이 정해져 있다. 여러 해변가 중에서 한국 사람들을 인도하는 해변도 정해져 있다. 유럽 사람들이 가는 해변은 특별한 놀이가 없는 해변이다. 일광욕을 하면서 쉬거나 책을 보기에 적합한 조용한 분위기이다. 신혼 부부를 포함하여 한국 사람들이 인도되는 해변은 '바나나 타기'(제트 스키) '낙하산 타기' '산호섬 관광' 등의 특별한 놀이나 관광 코스가 옵션으로 들어 있는 곳이다. 아침에 같은 호텔의 레스토랑에서 같은 김치를 먹으며 만난 신혼 부부를 같은 해변에서 그리고 같은 민속춤 관광지에서 하루종일 만나지게끔 되어 있다. 저녁에는 신혼 부부에게 '앞골목쇼'(중성자들의 쇼)나 '뒷골목쇼'(섹스 쇼), 또는 디스코장 등의 옵션이 있지만, 단체로 움직이니까 거의 같은 관광의 경험을 할 수밖에 없다.

태국으로 패키지 신혼 여행을 떠난 신혼 부부의 비디오 앨범에는 모두 '파타야'의 코끼리 쇼가 등장한다.

태국이라는 나라를 관광하는 것이 아니라 '한국인을 위해 만들어놓은 여행 코스'를 관광하느라고 잠도 푹 잘 수가 없다. 이 정신없이 빠듯한 수레바퀴를 타고 나면 가이드의 눈에도 "지치고 피곤해서 넋이 없는 사람"으로 보인다. 그래도 제주도에 비하여 비교적 가격이 저렴한 비디오 촬영에는 태국의 패키지 상품을 선택한 신혼 부부라면 누구나가 가지고 있을 추억이 담겨져 있게 된다. 사랑을 상징하는 아치 모양의 꽃밭에서 신랑은 신부를 번쩍 들면서 웃고 있으리라.

그러나 점점 만들어진 여행보다 만들어가는 여행이 늘어나는 추세이다. 렌터카를 이용하여 자유롭게 다니고, 신랑·신부가 서로 적당한 곳에서 적당한 포즈로 사진을 찍고 있다. 아직은 소수이지만, 이들은 곳곳을 누비고 있다. 해양 스포츠 센터, 오름(기생화산), 낚시터, 수영장, 서귀포 매일시장, 냉면집, 보신탕집, 호프집…… '이 같은 곳에도 신혼 부부가 오나' 하고 의아해할 장소에서도 그들을 만날 수 있다. 안내 기사를 고용한 경우에도 그들은 둘만의 시간을 더 갖기 위하여 기사를 기다리게 하고 자기들끼리 돌아다니기도 한다. 기사의 설명과 관광의 일부를 생략하면서 둘만의 휴식 시간을 만들어내기도 한다. 한편 사진 기사들도 새로운 스타일을 연구한다. 새로운 포즈를 만들고, 배경도 다르게 처리하고, 필터 등 새로운 사진 기술을 개발한다. 관광객이 잘 가지 않는 곳을 찾아가고, 고정된 포즈보다 자연스러운 포즈로 스냅 사진을 애용한다고도 한다.

그러나 주인공인 신혼 부부와 연출자인 기사가 전형적인 제주의 신혼 여행이라는 탈을 벗어나려는 시도에도 불구하고, 신혼 여행이라는 특별한 여행의 코스를 완전히 벗어나지는 않는다. 정장 차림이 아니라 캐주얼 차림이지만, 신랑·신부는 꼭 세트로 입고 있고, 삼발이까지 대동한 사진기를 갖고 다닌다. 그리고 쉬지 않는다. 쉬기 위하여 제주도로 왔다는 부부도 쉬지 않고 곳곳에서 사진을 찍는다. "피곤하고

정신없어요” 하면서도 다음 관광지를 찾기 위해 지도를 꺼낸
다. 남들이 간 곳을 가보고 싶어하든지, 남들이 안 간 곳을
가고 싶어하든지간에 ‘신혼 여행의 이데올로기’가 그들을 잡
고 있어서 바쁠 수밖에 없다. 신혼 여행은 일생에 단 한 번뿐
이며, 가장 행복하게 보내야 하며, 가장 아름다운 추억을 남
겨야 한다는 신혼 여행의 이데올로기가 그들을 쉬지 않게 만
든다. 끊임없이 돌아다니고 일을 만들어야 한다. 새로운 여
행을 추구하는 것도 또 하나의 새로운 정형화된 여행을 만들
어가는 과정이 된다.

왜 이렇게 정형화되었을까? 왜 신혼 부부는 이미 짜여져
있는 관광 코스를 선택할까? 새로운 코스를 개척하는 과정
도 정형화되어갈까? 상업주의의 산물로 설명할 수 있고 ‘계
급적 차이의 생산’으로도 설명할 수 있을 것이다.

누구든지 ‘패키지’라는 ‘코드’(사회적인)에 몸을 싣지 않으
면 동일한 질의 삶을 누리지 못하는 것이 되고 여행의 동일한,
아니 어쩌면 천편일률적이기까지 한 담론 구조에서 소외되고
마는 것이다. 〔……〕 여행을 다녀온 사람들은 그렇지 못한 사
람들과 삶의 질적인 차이라는, 눈에 보이거나 손으로 잡을 수
없는, 그래서 ‘상징적인’ 차이를 느끼게 되는 것이다. 〔……〕
이 차이가 집단 여행인 패키지 관광이라는 코드를 따르게 되

면, 관광이라는 것이 엄청난 자본의 축적, 고도의 산업화가 전
제되어야 가능한 것인 만큼 계층간의 계급적 차이로 이어지기
도 한다. 패키지 관광의 사회적 효과는 바로 이러한 상징적 차
이로 대체된 계급적 차이의 생산에 있다. (이득재, 앞의 글,
1995, pp. 244~45)

그러나 신혼 여행은 누구나가 다 가는 것이라면 '계급적
차이의 생산'이라는 설명 외에 다른 설명이 더 필요할 것이
다. 우선 신혼 부부에게 정형화된 코스를 따라가는 느낌을
들어보자. 그들은 대부분 그 과정이 "재미있다" "더 적극적
으로 따라 한다" 등 긍정적인 반응을 보여주었다. 좀더 물어
보면 "나중에 앨범으로 보면 좋은 추억이 될 것 같다"라고
한다. 단순히 복종하는 것이 아닌, 당사자들의 동의하에 정
형화된 코스를 밟아가는 것이다. "어 여기가 내 친구가 사진
을 찍은 곳이구나" 하면서 그 장소에서 찍고 있는 것이다.
복장도 마찬가지였다. 요즘 유행하는 같은 디자인의 옷 선정
에 대하여 신랑·신부는 "남들도 그렇게 한다" "많이 하니까
당연하다" "보기 좋다" "TV에서 보니까 잘 어울릴 것 같아
서" "직접 디자인했다" "함께 쇼핑했다"고 말해준다. 신랑·
신부임을 드러내는 정형화된 같은 디자인의 캐주얼 차림에
적극적인 참여를 하고 있는 것이다. 비록 치마, 저고리에서
부터 정장, 캐주얼로 옷의 형태는 달라졌지만 그 시대의 신

랑·신부복을 스스로 선택함으로써 같은 경험을 하고 있는 것이다.

정형화된 코스는 의례의 순서가 분명치 않은, 구조화되지 않은 상황에서, 상업주의와 기사와 신혼 부부들이 공동으로 만든 의례의 과정이 아닐까? '동일한 경험'에서 소외되지 않으려는 심리 뒤에는 실패하지 않는 의례를 치르려는 또 다른 심리가 숨어 있는 것이 아닐까? 아무도 모르는 새로운 장소에서 아침에 눈을 뜨면 무엇 하나, 동으로 가나, 서로 가나, 아름다운 추억을 남에게 보여야 하는데, 의례를 기록에 남겨야 하는데. 나의 신혼 여행의 꿈이 무엇이었든지 불확실한데, 이미 만들어진 신혼 여행이 있다면 가장 실패하지 않는 여행이 될 것이다. 1994년 태국으로 여행간 신부는 말한다. "낯선 곳에서 길도 모르고, 말도 통하지 않고, 처음 가보는 해외 여행이라 불안했어요. 그래서 단체 여행에 가입해서 안내를 받았어요." '불안하지 않은 여행'은 경험 있는 안내자에게 여행 일정을 전부 맡겨버리는 것이다. 그것도 비슷한 입장의 다른 신혼 부부와 함께 그 안내자를 따라다니면 훨씬 마음이 가벼울 것이다.

신혼 여행은 결혼 의례의 마지막 절차이다. 아무리 오랜 만남 끝에 결혼을 했다고 하더라도, 결혼의 첫 단추 끼우기는 앞으로 결혼 생활의 전조로 작용할 것이다. 신혼 여행에서의 싸움의 원인이 결국 이혼의 사유가 된다는 말이 있지 않은가! 가장 행복해야 하는 여행은 가장 실패하고 싶지 않은 시간을 보내야 하는 것이다. 남들이 가지 않는 곳보다 남들도 가는 곳을 또 가는 것이 가장 실패할 확률이 적다. 결혼식의 순서가 분명하듯이 신혼 여행의 코스도 분명하면 안전하다. 마지막 남는 추억의 앨범까지.

Ⅲ. 공연 1: 성(性)과 성(聖)의 연극

여행 과정 동안 신혼 부부는 어떤 태도와 행동을 보여줄까? 어느 정도 정형화된 코스를 따라가면서도 낭만과 사랑의 기대가 사라지지 않도록 어떤 행동을 취할까? 보통 여행과 달리 신혼 여행인데, 가장 비밀스러운 성(性)을 공개하는 의식을 치르는 과정인데 평소와는 다른 연기를 해야 하지 않을까? 어떤 공연 *performance* 을 펼치는 연극이 될 것인가?

1) 성(性)의 연극

드디어 우리 부부만이 설악호텔에 남겨진 채 신랑은 예약을 하는 동안 나는 로비에 앉아 얼굴을 붉힌 채 고개를 푹 숙이고 앉아 있었다. 남들이 손가락질을 하며 '쟤네들 둘이 오늘 저녁 발가벗고 거사를 치른대' 하며 놀려대는 것 같았기 때문이다. (『주부생활』, 1995년 6월, p. 327)

조카가 결혼하여 새신랑과 함께 신혼 여행길에서 인사를 왔

는데 내가 너무 어색하고 괜히 불안하여 빨리 가주기를 바랐다. (40세, 남자)

저게 이제 처녀가 아니라 구멍이 뻥 뚫렸겠구나 하는 생각이 자꾸 드니 신혼 여행을 막 다녀온 신부를 보면서 속으로 이상하게 불편하였다. (38세, 여자)

신혼 여행을 다녀온 오빠가 좀 어른스러워진 것 같았다. 다른 세상에서 온 사람 같았고, 우리 오빠 같지 않았다. (23세, 미혼 여자)

신혼 여행중인 친구의 언니를 리무진에서 만났다. 정말 어색하고 불편했다. 서로 머리를 맞대고 심한 애정 표현을 하는데 내가 낯부끄러웠다. (22세, 미혼 여자)

성(性)은 비밀스러운 것이다. 우리는 부부가 성 관계를 한다는 것은 알고 있지만, 언제 하는지는 모른다. 평소에 그 부부를 볼 때도 성을 머릿속에 떠올리지는 않는다. 그런데, 신혼 부부인 경우는 그날 밤 확실히 성 관계를 할 것이라고 누구나가 미리 상상하고 있다. 신혼 부부들은 다른 사람들이 그렇게 기대하고 있음을 또한 알고 있다. 그렇지만 서로가 모르는 체 연극을 할 뿐이다. 불편한 연극을 하고 있으니 더 어색하다. 어색함을 감추려고 억지로 웃으니 더 어색해진다.

평소에 알고 있었던 사람이, 순결했던 사람이, 이제 건너올 수 없는 다리를 건너가버렸다. 하루아침에 다른 영역으로 가버렸다. 그 이전과 같은 삼촌 — (아이로서의) 조카 사이가 이제 아니다. 그 신혼 부부가 확실히 성 관계를 가질 것, 또는 확실히 가졌다, 라는 사실은 다른 사람을 불편하게 만들고, 스스로도 불편해진다. 이 불편함은 신부가 첫아이를 출산하면 사라진다. "어이, 이 집에서 참기름 한 병 얻어갈까" 하는 농담은 "아기가 예쁘네요"로 바뀌면서 신혼 부부에 대한 성의 기대가 서로 없어진다. 일상의 성으로 전환된 것이다. 신혼 여행은 비밀스러운 성 관계를 사회에 공개적으로 발표하면서 부부라는 인정을 받아낸다.

아마도 우리 사회에서 신혼 여행길의 신혼 부부가 아니면 약간의 성적인 표현이라도 대낮에 다른 사람들이 보는 앞에서 하기 어려울 것이다. 이미 성을 공개하여 부부라는 인정을 받은 그들은 이제 그 특권을 행사하기 시작한다. 첫날밤에는 이미 가장 야한 사진을 찍어보았다. 사진을 찍기 위한 포즈라고 하지만 언제라도 키스 신이 가능하다. 비 오는 날, 한 손에 우산을 받쳐들고서라도 신부를 업어준다. 다른 사람의 시선에 아랑곳없이 서로가 진한 애무를 즐긴다. 성(性)의 공연은 신혼 부부가 있는 언제 어디라도 펼쳐지고 있다. 다른 사람들도 그 공연을 기대할 것이며, 평소에 할 수 없었던 성적 표현도 다 용납이 될 것이라는 무언의 동의하에.

2) 성(聖)의 세계

여행을 하면서 그들이 보여주는 공연은 당당하다. 한번 5·16 도로를 운전해보라. 꼬불꼬불한 이차 도로에 사람이 걸어다닐 수가 없게 되어 있다. 인도도 없고, 횡단보도도 없고, 교통 신호등도 없다. 마음놓고 달려도 좋은 곳이다. 그런데 이 위험한 길에서 걸어가는 장면을 비디오로 담을 수 있는 사람은 신혼 부부밖에 없다. 5·16 도로의 한편에서 사진을 찍고 있는 사람이 있으면 누군가 신혼 여행중임을 즉각 짐작할 수 있다. 데이트하는 커플도 오지 않는다. 신혼 여행이라는 특혜가 그들을 그 위험한 길에서 걸어다닐 수 있게 만든다. 그것도 비디오를 의식하면서 당당하게 걷는다. 신혼 부부임을, 보통 사람들이 사는 '속(俗)'의 세계가 아니라 '성스러운' 세계에 살고 있는 신혼 부부임을 과시한다. 그리고 그들이 다른 세계에 속해 있음을 보통 사람들도 인정해준다. 신혼 부부가 아니라 보통 사람들이 5·16 도로의 한편에서 걸어가보라. 당장 "빵빵" 경적 소리나 "죽고 싶어?" 소리가 날아갈 것이다. 그러나 백성들은 왕과 왕비의 행차에 조용히 속도를 줄이거나 비켜간다.

왕과 왕비는 단둘이 어둠 속에서만 가능한 키스나 애무를 이 특별한 세계에서 밝은 낮에도 연출해보인다. 속(俗)의 풍습과 규범을 벗어날 수 있는 이 성스러운 기간에 그 동안 할 수 없었던 성적 표현을 시도해보인다. 성(性)과 성(聖)이 만나는 것이 신혼 여행이 아닌가.

　왕과 왕비들: 북아프리카나 인도의 일부 지역에서는 신랑을 '왕' 또는 '왕자,' 신부를 '여왕' 또는 '공주'라고 부른다. 중국에서는 신랑을 '나으리'라고 말한다.[2] 제주의 안내 기사들은 신랑·신부를 '신랑님'·'신부님'이라고 부른다. 그리고 그들을 왕과 왕비처럼 대우해준다. 신랑·신부도 그 존칭과 대우를 받아들인다. 서로에게도 왕과 왕비임을 상기시킨다.

　상징적으로 의례에 임한 자는 일상 세계의 개인에 비해(속의 세계) 성(聖)의 세계에 놓이게 되는데 신랑에 비해 신부는 보다 더 강한 성의 세계에 머무르게 된다. 이 속성을 없애기 위해 의례는 필수적인 것이 된다. 의례 과정중의 신부는 보다 더 구별적으로 신부다움을 나타낼 뿐 아니라 향유하는 것이 기대된다. 여성 위주의 약혼 시기와 신혼 여행은 짧은 기간이며 여성에게 '인생의 황금 시기'이기도 하다. 이것은 남성 위주의 속의 세계와 대비되며 의례에서 그 전환은 보다 더 극적이다. 신혼 여행이 끝나면서 여성의 세계는 일상의 세계, 남성 중심의 질

---

2) 반 겐넵, 앞의 글, 1985, p. 205.

120

서로 돌아오는 것이다. 상을 받기만 하던 신부가 남을 위해 상
을 차려주는 일상의 세계로 돌아오는 것이다. 신혼 여행은 이
런 의미에서 남성 세계로의 입문식이다. (안정남, 「현대 결혼
의례의 의미」, 『자본주의 시장 경제와 혼인』, 또하나의문화,
1991, p. 189)

"신혼 여행을 떠나오면서부터 저를 공주처럼 대우해주어
요." 호텔에서 마련한 신혼 부부를 위한 행사 이후에 내가
따로 만난 신부는 신랑을 돌아보며 행복하게 말하였다. "너
무너무 그래요. 여왕처럼 해주기를 너무너무 바랐어요."
1995년에 태국을 갔다 온 신부와의 면담에서도 같은 대답을
들을 수 있었다. 성(聖)의 세계에서 왕과 왕비로 승격되었지
만, 신랑보다 신부가 훨씬 왕비 대우를 받기를 원한다. 여자
는 신혼 여행 동안 늘 상을 차려야 하는 속(俗)의 세계로부
터 더 벗어나고 싶고, 다시 상을 차려야 하는 속의 세계로
들어가기 전에 왕과 백성으로부터 실컷 상을 받고 싶은 것
이다.

가면 무도회: 성스러운 공간에 들어온 왕과 왕비는 그 동
안 살아왔던 속(俗)의 세계와 다른 무엇을 끊임없이 추구한
다. 일상 생활의 경계, 한계를 끊임없이 벗어나보려고 한다.
마치 가면 무도회에 참가한 것처럼. 가면 무도회에서 가면을

쓰면 누구라도 이제까지 지켜온 규범을 무시하고 자유롭게 행동할 수 있다.[3] 오히려 그 자유로운 행동이 정상적인 것으로 인정된다.

수영장에서 한 쌍의 신혼 부부를 만났다. 첫눈에도 그들은 수영을 하기 위하여 수영장을 찾은 것은 아니었다. 화장을 지우지 않은 상태에서 수영을 할 수는 없는 것이니까. 게다가 둘 다 제대로 수영을 할 줄 모르는 사람들이었다. 그런데 왜 수영장에 들어왔을까? 그들은 아예 서투르게나마 수영을 하려고 시도도 하지 않았다. 신랑이 신부를 반쯤 업은 상태에서 물장난을 치는 즐거움을 누리고 있었다. 다른 사람들의 시선에도 아랑곳없이 신랑·신부는 업고, 업히고, 손을 맞잡고, 서로의 사랑을 표현하였다. (1996년 10월)

호텔측에서 주관하는 신혼 부부들을 위한 행사에 참여했다. 게임의 내용이 신랑을 우스꽝스럽게 만드는 것이 많았다(신랑이 신부에게 옷 입히기: 5명 중 3명의 신랑은 팬티만 남기고 다

---

3) 의례 기간 동안의 이 자유스러운 행동을 인류학자인 터너 Victor Turner는 '전도 의례'라고 불렀다. 전도 의례란 가면 무도회처럼 "사회적 위계 질서가 전도되고 도덕 행위의 관습적 규칙들이 중지"되는 의식을 말한다(제임스 레트, 「카리브 해 전세 요트 관광의 유희적 측면과 리미노이드 측면」, 전경수 편역, 『관광과 문화—관광 인류학의 이론과 실제』, 까치, 1987).

신혼 여행은 '가면 무도회'와 같다. 가면을 쓰면 일상 생활에서 쉽게 할 수 없는 행동도 할 수 있다('신혼의 밤' 행사중).

벗었다. 신랑을 예쁘게 장식하기: 신랑의 머리에 풍선을 매달고, 화장을 시킨다. 신랑 춤 대회: 신랑이 나와서 특이한 모양의 춤을 춘다). 신혼 부부를 위한 행사에는 일상 생활에서 하기 어려운 행동——43번의 키스, 신랑 무릎 위에 신부 앉히기, 눈 맞추기 등——을 연출함으로써 즐거움을 더하고 있다. (1996년 11월)

가면 무도회에 참가한 왕과 왕비는 모두 같은 옷을 입었다. 그리고 이름은 불리지 않는다. 모두 신부복·신랑복을 입고, 신부님·신랑님으로 불린다. 신부님·신랑님이 되기 이전의 사회적 신분은 무엇이었든지간에 상관없다. 안내 기사, 상인들, 게임의 사회자, 호텔 직원, 관광지 주민들 모두 그들을 단지 신랑·신부로만 본다. 여행 온 신랑·신부들도 마찬가지로 이름도 자신의 위치도 밝힐 필요가 없다.[4] 단지 신나는 가면 무도회에서 춤을 추기만 하면 된다. 하고 있는 일에 열중하기만 하면 된다. '유동' 즉 "중요한 활동에 완전히 몰입해 있는 사람에게 나타나는 비반사적 상태"[5]가 무도회의 특성이다. 그 이전에 무슨 일을 하였던지는 전혀 문제가 되지 않는다. 문제가 되는 것은 신혼 여행이라는 특별한 공연에 얼마나 열중하느냐 하는 것이다.

3) 공연의 차이

비록 다른 신혼 부부와 같은 가면 무도회장에서 공연을 펼

---

4) 이러한 특성은 제임스 레트가 카리브 해 요트 관광에서 발견한 '리미노이드 *liminoid*' 특성과 일치한다. 즉 전도 의례 동안 일어나는 자유분방한 행동을 의미한다. 레트에 의하면 "관광객들은 자신들의 정상적, 구조적 세계로부터 물리적으로뿐 아니라 상징적으로 벗어나 있다. 〔……〕 관광객 사이에 신분 차별이 없고 또 서로 거의 애칭을 부르기 때문에 이들의 사회적 인성을 가려주는 일종의 익명성이 형성된다. 〔……〕 익명성은 획일적인 옷차림에 의해 더욱 강화된다"고 한다(앞의 글, 1987, pp. 136~38).

5) 넬슨 그래이번, 앞의 글, 1987.

치지만, 그래도 그들과 다른 추억을 만들고 싶다. 수많은 왕과 왕비 중에서 단연 돋보이고 싶다. 두고두고 '다름'을 남기고 싶다. 정형화되고 획일화되어갈수록 무엇인가 구별짓는 차이를 만들고 싶다. 1980년대 중반에 제주로 신혼 여행 온 부부는 말한다. "사진을 많이 찍었어요. 많이 찍다 보면 다른 제주도 신혼 부부 사진과 다른 것이 있을 테니까 많이 찍는 것이 최고예요. 한 400장쯤 찍었어요." 신혼 여행은 하나의 의례지만, 공연이기도 하니까 완전히 같을 수 없고, 같은 것은 싫다. 다른 신혼 부부가 가지 않는 곳을 가자고 해본다. 사진 잘 찍는 기사를 특별히 소개받아 온다. 요구하는 포즈에 자발적으로 열성을 보이기도 한다. 신혼 부부들의 게임에 더 열광해보이기도 한다. 야한 사진의 포즈도 연구해본다. 다른 커플과 같으면서도 다른 의례를 공연해야 한다. 신혼 여행이 곧 끝나간다. 돌아가면 일상 생활의 쳇바퀴가 다시 돌아갈 것이다. 짧은 이 기간, 같으면서도 다르게 특별한 공연을 해야 한다. 신혼 여행은 바쁘고, 힘이 든다.

신혼 부부들이 같으면서도 다른, 마치 유행하는 스타일의 의상을 개성적으로 입어보는 것과 같은 차이를 만들어낼 때, 그들의 공연을 보는 사람들은 그 차이를 다시 나누어본다. 신혼 부부들이 의도하든 안 하든 그들이 만들어내는 공연은 여러 모습으로 묶어볼 수 있다. 가장 차이가 나는 공연은 단연 중매 결혼한 부부와 연애 결혼한 부부가 만들어내는 공연이다. 중매 결혼이 다수였던 지난날에서 1980년대 중반이면 중매 결혼이 반, 연애 결혼이 반이 되고 지금은 연애 결혼이 70~80% 정도라고 한다. 안내 기사, 쇼핑센터 상인, 호텔 직원들은 멀리서도 중매 결혼한 부부와 연애 결혼한 부부를 분간할 수가 있다고 한다. 중매 결혼한 경우, 신랑이 앞서가고 신부는 좀 떨어져서 따라간다. 연애 결혼한 경우는 손을 잡고 가거나, 신랑이 신부의 어깨를 감싸고 간다. 가게에서 선물을 고를 때도 다르다. 중매 결혼한 경우는 서로 존댓말을 사용하며 눈치를 본다. 지난날은 신랑이 일방적으로 선물을 결정하고 돈을 냈지만, 지금은 신부의 의사를 물어본다. 그래도 거의 신랑이 돈을 낸다. 나의 설문지 조사에서도 중매 결혼한 경우 모두 신랑이 선물비를 지불하였다. 연애 결혼한 신혼 부부가 들어오면 서로 다정히 반말을 쓰면서 물건을 고른다. 서로 눈치보지 않는다. 상의하여 잘 고르기도 하고, 서로 자기 것을 고집하여 싸우기도 한다. 경비는 신랑이 낼 수도 있고 신부가 낼 수도 있다. 중매 결혼한 부부는 연애 결혼한 부부보다 먼저 피곤해한다. 사진 기사가 키스 신을 시키면 어색해한다. 연애 결혼한 부부는 먼저 손을 잡고 다정한 포즈를 취해준다.

그들의 공연의 차이에 따라 상대하는 사람들의 반응도 달라진다. 어떤 기사는 신혼 부부의 안내 부탁을 받으면 먼저 물어보는 것이 "중매 결혼했어요? 연애 결혼했어요?"라고 한다. 중매 결혼을 했다면 호텔 예약은 "알아서 하라"고 한다. 경비를 절약시켜주기 위해 최고급 호텔이 아닌 호텔을 예약해두었다가 신혼 부부로부터 내내 불평을 들은 적이 있었기 때문이다. 중매 결혼한 경우의 신혼 여행은 여행이나 관광의 의미보다 의례의 의미가 더 크기 때문일 것이다. 나의 설문지 조사에서도 중매 결혼한 경우는 모두 특급 호텔에 머물고 있었다. 신혼 부부들의 공연에 동참해야 하는 기사들은 당연히 연애 결혼한 부부를 선호한다고 한다. 사진 기사는 그들이 알아서 포즈를 취해주어서 좋다는 것이다. 아직도 중매 결혼한 부부의 키스 신을 만들려면 어렵다고 한다. 어떤 신부는 눈물을 흘리기도 한다. 호텔 직원들에게도 말썽의 소지가 적은 연애 결혼한 부부들이 편하다. 호텔에서 싸우는 부부는 대부분 중매 결혼한 부부라고 한다. 상인들에게도 상대하기가 편한 연애 결혼한 부부가 낫다. 여미지의 한 쇼핑 센터에서 일하는 20대초의 한 상인도 중매 결혼한 부부가 서로 어색해하면 자기도 어색해서 너무 불편하다고 전한다.

그 다음으로 차이가 나는 공연은 도시에서 온 부부와 시골에서 온 부부라고 한다. 1980년대말까지도 호텔 직원은 호텔에 막 들어서는 신부가 양장을 했으면 도시에서, 한복을 입었으면 시골에서 온 부부임을 알아챘다고 한다. 서울 명동에서 신부 화장을 담당하는 한 미용사는 서울에서는 '내추럴'

한 화장법을 많이 쓰는데, 1996년도 제주도의 관광지에서 본 신부들은 '연분홍색'을 많이 쓰는 화장을 하고 있음을 끄집어낸다. 지방에서 온 신부가 주로 '연분홍색' 화장법을 즐겨 쓴다는 것이다. 옷차림, 화장법, 행동, 분위기 등에서 도시와 시골의 냄새를 가진 공연이 각각 펼쳐지는 것이다.

'있는 사람'과 '없는 사람'의 행동에도 차이가 드러날까? 사회적 신분에 따른 문화적 선택의 차이는[6] 겉으로 잘 드러나지 않는다. '일생에 단 한 번'이라는 이름으로 왕과 왕비로 상승한 그들의 상징적 지위는 일상 생활에의 신분 차이를 모호하게 만들어버린다. 최신 정장 차림, 고급 호텔 투숙, 관광지 순례, 모두 비슷하다. 신분에 의한 문화적 선택은커녕, 그들의 신분 파악도 거의 어렵다. 가면 무도회의 역할 전도 때문일 것이다.

신분의 파악이 어느 만큼 가능한지 여러 사람들에게 질문해보았다. 그 중에서 첫눈에 신분의 차이를 알 수 있다고 대답한 사람은 홍콩의 한 가이드뿐이었다. 기타 호텔 직원, 안내 기사, 상인 등 신혼 부부를 늘 가까이에서 보는 이들도 처음에는 신분의 차이를 알 수 없다고 말한다. 호텔에 들어설

---

6) Pierre Bourdieu, *Distinction*, Cambridge: Harvard University Press, 1984. 부르디외에 의하면 프랑스의 중산층 계급이 영화·음악·음식 등 일상적인 삶의 소비 취향에서 하류층 계급과 구별짓는 선택을 하고 있다고 한다.

때는 거의 모두 정장 차림으로 피곤한 얼굴이기 때문에 오랜 기간 근무한 이들도 잘 알 수가 없다고 한다. 신혼 부부와 이야기를 해보거나 행동거지를 자세히 뜯어보기 전에는 그들의 사회적 신분을 짐작하기가 어렵다고 한다. 인터뷰를 하기 위하여 관광지를 자주 돌아보는 나 역시 비슷한 옷차림으로 비슷하게 사진을 찍고 가는 신혼 부부의 사회적 위치를 도저히 파악할 수가 없었다. 다만 한 호텔의 여직원은 정장 차림이 아닌 캐주얼 차림일 때, 복장의 세련도, 옷감의 질로서 그들의 수준 여부를 어느 정도 파악할 수 있다고 한다. 즉 정장이나 예복으로 신분을 감출 수가 없을 때 신혼 부부의 신분이 조금이라도 드러난다는 것이다. 첫눈에 알 수 있다는 홍콩의 현지 가이드는 "부유한 사람은 같은 옷을 입어도 여유가 있어 보이죠"라고 다소 막연한 구분법을 전한다.

대화나 행동으로 어느 정도 드러난다는 신분의 차이에 의한 행동은 어떻게 다를까? 두 호텔 직원은 고객의 질문 내용과 행동에 의하여 '호텔을 자주 이용한 적이 있는 손님'과 '호텔을 거의 이용한 적이 없는 손님'으로 구별해낸다. 호텔을 자주 이용한 적이 있는 손님은 질문이 거의 없고 객실을 깨끗하게 사용하는 반면, 호텔을 거의 이용한 적이 없는 손님은 "왜 치솔, 치약을 그냥 주지 않느냐?" 등의 질문을 많이 한다는 것이다. 또한 호텔 이용이 많은 '수준 있는' 신혼 부부는 교양 있게 자신들을 대하고, 그렇지 않은 경우는 행동이 부드럽지 않다고 한다. 호텔 직원이 호텔의 이용 빈도와 태도로 신분의 차이를 파악해가고 있다면, 쇼핑센터의 상인들도 신혼 부부의 상행위로 그들의 신분을 파악해가고 있다. 한 토속점 가게에서 만난 젊은 여직원은 "있는 사람은요, 백화점에서 사고요, 없는 사람은 자질구레한 기념품을 많이 사요"라고 한다. 신분의 차이에 의하여 드러나는 행동의 차이라기보다는 행동의 차이에 의하여 신분을 짐작하는 것이다.

태국의 한 가이드는 중매 결혼인지 연애 결혼인지는 오히려 드러나지 않지만, '부유한 사람'과 '그렇지 못한 사람'의 행동은 드러난다고 한다. 쇼핑센터까지 데려다주는 가이드의 눈에는 '부유한 사람'은 태국의 싸구려 물건을 아예 안 사는 반면, '그렇지 않은 사람'은 많이 산다고 한다. 물건을 사는 행동에서 자신의 신분이 노출되기로는 홍콩에서도 마찬가지였다. 이미 '여유 있는 태도'나 '교양 있는 대화'로 신혼 부부의 신분을 어느 정도 파악한 가이드는 유명 메이커를 금방 알아보고 고급 제품만 고르는 부부가 역시 잘사는 위치에 있음을 확인할 수 있다. 반면 유명 메이커의 한국 가격도 모르고 "어머 저 지갑이 왜 저렇게 비싸. 우리나라에선 반값이면 사겠다"라고 말하는 신혼 부부를 보게 되면 수입 제품과는 거리가 먼 위치에 있음을 가이드는 다시 짐작하는 것이다.

설문지 조사에서 신혼 부부의 소득이나 구체적 직업, 그 부모의 계급을 조사할 수 없었으므로 교육과 호텔의 선택과의 관계만 살펴보았다. 물론 신혼 부부의 교육이 계급을 대표할 수는 없으나 참고는 될 수 있을 것이다. 기타 교육과 신혼 부부의 응답 내용과는 의미 있는 연관을 찾아볼 수 없었다.

설문지 응답자의 교육과 호텔 선택과의 관계

	신랑(고졸) 신부(고졸)	신랑(대졸) 신부(고졸)	신랑(대졸) 신부(대졸)	합
특1급 호텔	1	1	9	11
1급 호텔	7	2		9
3급 호텔	3	3	2	8

(특1급, 1급, 3급 호텔을 직접 방문하여 인터뷰한 것만 모음)

IV. 공연: 성(聖)과 속(俗)의 연극

1) 속의 세계: 비교

성(聖)의 기간을 통과하고 있지만 속(俗)의 세계에서 이미 몸에 밴 생각들이 자꾸 밀려들어온다. 가면 무도회장에서 가면을 쓰고 있음에도 불구하고 그 가면의 모양, 연기, 춤 솜씨조차 신경이 쓰인다.

호텔의 곳곳에서 다른 쌍의 신혼 부부를 만날 때마다 나는 내가 도매금으로 넘어가는 것 같은 비참을 어찌할 수가 없었다. 상냥한 서울 말씨의 세련된 신부를 보면 난 단번에 기가 죽어 그의 눈치를 살피며 부끄러워했다. 호텔의 구내 식당에서 하얀 식탁보에 새카만 간장을 쏟고는 무안해서 굳어진 손으로 나이프와 포크를 들고 쩔쩔매던, 고통스럽던 식사…… (기일혜, 『신혼 여행』, 이준교/이우성 공편, 한길사, 1977, p. 28)

여러 커플과 같이 다니니까 너무나 어색했어요. 그래서 우리끼리 더 말도 많이 하고 친하게 지내려고 했어요. (1995년 사이판 여행, 신부)

여행을 떠난 신부는 '어쩔 수 없이' 비교하는 자신을 보게 된다. 우선 다른 신부와 자꾸만 비교하게 된다. 아름다움, 말씨, 세련미 등 비교할 것은 많기도 하다. 세상에 왕비는 단 하나뿐이어야 하는데 여기에도 저기에도 왕비가 있다. 그 왕비는 나보다 더 아름답고, 우아하고, 멋이 있다. 나의 왕비 위치는 불안하기만 하다. 신부는 왕의 여왕에 대한 대우도 비교한다. '저 신랑은 신부에게 저렇게 다정하게 하는데, 저렇게 여왕처럼 모시는데, 나의 신랑은 무엇을 하나,' 비교가 될 수밖에 없다. 신랑도 다른 신랑과 은근히 비교를 한다. 선물이든 무엇이든 팍팍 돈을 잘 쓰는 다른 신랑을 보면 괜히 기가 죽고 신부에게 눈치가 보인다. 1995년 태국으로 여행간 신랑은 자신만 돈이 모자라서 쩔쩔매고 있으니 기분이 참담했었다고 한다.

커플과 커플끼리의 비교도 해야 한다. 우리만이 주인공이어야 하는데 너무 많은 주인공들이 있다. 괜히 어색하다. 호텔의 행사인 '신혼의 밤'에서 만난 다른 주인공들과 서로 인사도 하지 않는다. 형식적인 건배도 하지 않는다. 게임에서 둥근 원을 만들 때 신부는 다른 신랑의 손이 닿을세라 얼른 자리를 바꾼다. 여섯 원이 모두 신부-신부-신랑-신랑-신부-신부-신랑-신랑의 순서로 만들어진다. 다른 신혼부부들이 있을 때면 더 행복한 표정도 지어야 한다. 1994년 태국으로 간 신부는 4쌍이 함께 다녔는데, 그 중 한 쌍은 둘만 있기가 무섭게 싸우는 것을 눈치챘다고 한다. 그러나 함께 있는 동안은 그 한 쌍은 아주 행복스러운 표정을 짓고 다녔다. 신혼 여행 동안의 표정 관리는 다른 부부와의 비교에서 더욱 힘을 써야 하는 것이다.

2) 속의 세계: 스태프들

성스러운 기간을 지나가는데도, 다른 신혼 부부뿐만 아니라 속의 세계에 속한 사람들도 어쩔 수 없이 마주치게 된다.

관광 안내인, 상인, 비디오 기사, 호텔 직원 등을 만날 수밖에 없다. 신혼 여행이 정형화될수록 이들의 역할은 신혼 부부의 공연에 더 많은 영향을 미치게 된다. 사이판으로 여행 간 한 신부가 "신혼 여행은 가이드를 잘 만나는 데 달려 있다"고 말할 정도이다. 그들은 성스러운 세계 밖에 있지만, 성스러운 세계 안에 있는 주인공들의 공연을 도와주는 막후의 스태프이기 때문이다.

스태프 중 가장 중요한 역할을 맡은 이는 관광 안내인이다. 제주도의 경우는 택시 기사가 그 역할을 맡는다. 관광 코스를 도는 동안 신혼 부부는 기사가 안내해주는 호텔, 관광지, 음식점, 선물 가게 등을 들르게 되고, 그가 연출하는 포즈로 추억을 남기게 된다. "기사가 너무너무 잘해주었어요"라고 전하는 한 신혼 부부의 경우는 성(聖)의 공연이 성공적이었음을 말해준다. 그런데 택시 기사가 자신이 안내한 음식점, 쇼핑센터 등에서 20%의 커미션을 받는다는 기사를 읽고 온 신혼 부부는 성(聖)의 세계보다 속(俗)의 세계에 더 신경을 쓰게 된다.

"신혼 부부들이 나를 불신해요." 내가 만난 택시 기사들은 이렇게 불평을 터뜨렸다. "여행사를 통하여 온 경우 기사의 하루 안내비가 4만 5천 원이에요. 커미션을 받지 않을 수 없어요. 여행사의 과열 경쟁이 문제예요." "개별적으로 소개받고 오는 경우는 명함까지 주는데 바가지를 씌우면 다른 손님을 소개해주겠어요? 일부 택시 기사가 그럴 뿐인데 마치 모든 기사가 그런 것처럼 보도하는 언론이 잘못이에요." 기사들에 의하면 과장된 보도를 하는 언론과 수익을 우선으로 하는 여행사가 '최고의 서비스로 손님을 모시는' 다수의 기사들의 노력을 왜곡시킨다고 한다. 여행업체들은 마진 폭이 작은 제주도 여행보다 수익이 높은 해외 여행으로 신혼 부부들을 유도한다. 제주 관광을 원하는 경우에도 제주 관광의 부정적인 면을 부각시키고 비행기 요금은 절대 할인해주지 않는다고 한다. 언론의 과장 보도 때문이든지, 여행사의 과잉 서비스이든지간에 제주에서의 공연은 주인공과 스태프의 관계가 좋지 않는 방향으로 갈 가능성을 내포하고 있다.[7] 주인공은 스태프를 불신하는 역을 맡고, 스태프는 자신을 불신하는 손님을 주인공으로 모시는 역을 맡는다. 스태프는 주인공이 자신을 불신할 때가 가장 싫은 장면이라고 말하고, 주인

---

7) 한때 렌터카로 여러 쌍의 신혼 부부의 안내를 맡았던 안내 기사는 다음과 같은 작전을 썼다고 한다. 첫째가 침묵 작전. 갑자기 설명도 하지 않고 침묵을 지키면 신혼 부부들이 알아서 팁을 거두어준다는 것. 둘째는 모략. 한 쌍의 신혼 부부에게 자신이 안내하는 쇼핑센터에서 선물을 구입하면 안내 비용을 절감해주겠다고 하면, 대부분의 신혼 부부가 응낙한다고 한다. 한 쌍의 신혼 부부가 먼저 선물을 구입할 경우 대개는 다른 신혼 부부들도 덩달아 구입하는 경향을 노린 것인데 쇼핑센터로부터 커미션을 더 많이 받을 수 있는 것이다.

공은 스태프가 자신에게 사기치지 않을까 하는 불안해하는 장면을 가장 싫어한다.

　설문지 조사에서 제주 여행중 가장 인상에 남는 것으로 '기사의 친절'도 들어갔다. 친절하게도 어떤 기사들은 신혼 여행의 경비를 절약해주면서 분위기 있는 곳으로 안내해주고, 책에도 나오지 않는 제주의 이곳저곳을 잘 설명해준다. 기사들은 이제 제주도가 더 이상 최고의 신혼 여행지가 아닌 이상, 최고의 손님인 신혼 부부에게 최고의 서비스를 해주어야 한다는 사실을 인지하고 있다(제주도 관광협회는 1996년도에 신혼 관광객 1인당 지출이 5만 1천 원이라고 보고하였는데, 기타 관광객은 신혼 관광객 지출의 1/2, 수학 여행객은 1/3의 지출에 불과하였다. 제주일보, 1996년 12월 18일). 내가 관광지에서 본 안내 기사는 신혼 부부의 성공적인 공연을 위해 노력하고 있었다. 관광지에서 사진을 찍을 때면 신부의 핸드백을 대신 들어준다. 여러 쌍을 안내할 때는 여러 개의 핸드백을 팔에 걸치고 사진을 찍는다. 자신의 친척이 운영하는 음식점보다도 10명 중 9명이 맛있다고 평한 곳만 다닌다. 지나치는 마을의 역사까지 동네 할아버지에게 물어가며 알아본다. 새로운 관광 코스를 개발해본다. 더 환상적인 사진 포즈를 연구하기도 한다. 신혼 부부들이 사랑과 성(性)을 표현할 수 있는 자연스러운 기회를 최대한 만들어준다. 왕과 왕비가 된 기분을 여행 동안만이 아니라 두고두고 다시 볼 사진에까지 남기게 한다. 그리고 그들의 추억과 사진들이 다른 예비 신랑·신부에게도 감명을 주도록 공연의 완성도에까지 신경을 쓴다. 그들은 말한다: "신혼 여행일랑 제주도로 옵서예."

안내인과 신혼 부부와의 관계는 신혼 여행이란 공연에 영향을 준다. 안내인과 불신의 관계 속에 있을 때와 '기사의 친절'이 가장 인상에 남는 관계 속에 있을 때 펼치는 공연은 다를 것이다. 그 관계에 따라 속(俗)의 세계에 여전히 남아 있는 기분을 느낄 수도 있고, 성(聖)의 세계임을 거듭 확인해가는 느낌을 받을 수도 있을 것이다. 안내 기사들은 신혼 부부의 환상을 실제의 모습으로 나타나게 하는 연출을 담당한 스태프이기 때문이다.

3) 선물 사기: 가족의 범주 정하기

성(聖)과 속(俗)이 헷갈리거나, 속(俗)의 스태프진이 연출상 문제를 보여도 여전히 행복한 표정 관리를 할 수 있었던 신랑·신부에게 연기 자체가 어려운 경우가 있다. 바로 선물을 고르는 순간이다. 결혼이라는 제도의 벽에 부딪힘을 분명히 인식시켜주는 시간이기 때문이다. 다른 신혼 부부와의 비교는 마음속에 있고, 스태프와의 관계에선 부부가 함께 기쁨과 불만을 나눌 수 있지만, '선물 사기'의 문제는 신랑과 신부간에 벌어지는 속(俗)의 갈등이다. '누구에게 어느 정도로 무슨 선물을 살 것인가?' 이 어려운 질문에 답을 찾으려면 신랑·신부는 각각 속(俗)의 세계로 왔다갔다하지 않을 수 없다. 적어도 신혼 여행 동안만은 한마음, 한몸이라는 철칙은 잊어버린 채 각자의 속의 세계의 원칙을 끌어들인다. 그러나 이 속의 갈등은 성스러운 세계를 지난 후 다시 되돌아갈 속의 세계의 새로운 질서를 위한 준비 작업이다. 성스러운 기간 안에 등장하는 '선물 사기'는 결혼 의례 전의 속의 세상에서 경험했던, 가족에게 주는 '선물 사기'와는 다르다.

신혼 여행을 가면 반드시 선물을 사 가지고 가야 한다. 이미 혼수며 예물로 두 집안끼리의 물물 교환이 끝이 났는데, 신혼 여행 때 왜 또 선물을 장만해야 하는가? 요즈음은 '주례 선생님께만 선물'하기도 하고, 양가 부모에게도 간단한 선물로 때우는 경우도 있다지만, 1970년대에는 선물이 없으면 귀가를 감히 생각할 수조차 없었다고 한다. 선물을 드려야 할 모든 친척을 빠짐없이 챙기다 보면 작은 시발 택시로는 감귤, 파인애플 상자를 다 실을 수도 없어서 버스로 나누어서 공항까지 가곤 했다. 이제는 동료 직원들에게 나누어줄 열쇠고리나 수건 등이 추가된다. 왜 선물을 사는 것이 신혼 여행의 필수 과정이 되었을까? 먼 길, 새로운 길을 간 기념으로? 이제 성인이 되어 키워준 부모에게 인사하기 위하여?

절값을 준 고마움을 표시하기 위하여? 앞으로도 잘 보아달라는 뇌물성인가? 성 관계에 대한 부모의 질투심을 낮추기 위한 것인가?

신혼 부부나 이미 신혼 여행을 다녀온 사람들, 그리고 그들을 가까이에서 보는 사람들에게 물어보면 선물 사는 것이 여행 중에서 가장 골치 아픈 과정으로 단연 꼽힌다. 신혼 부부가 가장 많이 싸우는 문제이기도 하다. 누구에게 할 것인가? 가족의 경계와 가족원의 비중이 결정되는 순간이다. 신랑은 처가 쪽 식구들 중 어느 선까지 선물을 주어야 할지 고심해야 한다. 신부는 시가 쪽 식구와 친정 쪽 식구의 형평을 따져보아야 한다. 갑자기 가족의 경계를 새로 결정해야 하는, 꿈의 세계에서 땅에 발을 디뎌야 하는 세계로 내려온 것이다. 결혼했음의 의미가 확실히 드러나는 순간인 것이다.

1) 양가 부모님
2) 양가 부모님, 양가 형제들
3) 양가 부모님, 양가 형제들, 신랑 쪽의 친척(고모, 외가는 제외)
4) 양가 부모님, 양가 형제들, 신랑 쪽 친척 중 절값을 준 사람 (친척 중 영향력이 있는 사람)
5) 양가 부모님, 양가 형제들, 신랑 쪽 친척, 신부 쪽 친척 중 가까운 사람

6) 1, 2, 3, 4, 5 중 하나와 주례, 친구, 회사 동료 등 가족의 범
   주에 들지 않는 사람

누가 이제 나의 결혼 생활에 한 가족으로 간주될 수 있을
것인가? 누가 나의 결혼 생활에 영향을 줄 것인가? 1995년
에 사이판으로 신혼 여행을 다녀온 신부는 "아무래도 신랑
쪽 우선으로 선물을 했다"고 한다. 이제 신부는 나의 가족이
라는 범주에 명목상일지라도 신랑 쪽 가족을 포함시켜야 한
다. 이 과정은 신랑 쪽 가족이나 친척의 얼굴과 관계를 다시
한번 점검하는 기회이다. 아직은 익숙하지 않지만 마음으로
시부모를 내 부모로 생각해야 함을 '선물 사기'에서 배워간
다. 그들이 원하는 것이 무엇인지 알아맞히는 연습을 하는
과정이기 때문이다. 신랑의 마음에는 내 가족은 내 가족이지
만 처가의 가족을 내 가족의 어느 위치에 넣을 것인지 비교
하며 자리를 매기는 연습을 해보아야 한다. 그리고 그 위치
를 신부에게 가르쳐주는 순간이기도 하다. 다음 두 소설에서
선물 고르기의 정치학이 잘 드러난다.

고속버스표를 예매해놓은 민수는 우희한테 쇼핑을 나가자고
했다. 〔……〕 그러나 아무짝에도 쓸모 없을 것 같은 액자 꽃병
등을 수도 없이 많이 사는 데는 우희도 또 한 번 질릴밖에 없었
다. 그것도 그냥 무턱대고 사는 게 아니라 값에 따라 이것은 부

모님 거, 이것은 형제들 거, 이것은 삼촌, 조카, 사촌들 거 하는 식의 엄격한 차별을 두었다. 너무도 많은 시집 족속들의 복잡다단한 계보도 놀라웠고 그 하고 많은 족속들을 촌수에 따라 공평한 차별 대우를 하는 민수의 솜씨도 놀라웠지만 우희가 가장 놀란 건 민수가 장인 장모를 자기의 사촌들만도 못하게 허드레로 취급하는 거였다. 그러나 그걸로 우희는 다시 민수에게 싸움을 걸진 않았다. 그녀는 3박 4일 동안에 지칠 대로 지쳐 있었다. 아니 길들여져 있었다. 장인 장모 처제 몫으로 제일 빛깔이 볼썽사나운 싸구려 타월을 한 장씩 산 것으로 민수의 쇼핑은 끝났다. (박완서, 앞의 글, 1985, p. 281)

"변변치 못하지만 기념으로 받으셔요. 옥반지를 끼면 장수하신대요."

나는 조심스럽게 옥반지를 받쳐 올렸는데 시어머니의 얼굴에 미소가 사라지셨다.

"이걸 시방 나더러 끼라구 사온 겨?"

"네. 값이 얼마 안 되지만 귀한 거여요."

"믿는 사람이 워치게 반지를 낀댜?"

"예?"

"아, 믿는 사람이 워치게 반지를 껴? 우덜 안식교인은 치장허는 걸 금허기 때메 반지 같은 거 안 끼는 거 물러?"

나는 손이 부끄러워졌다.

"그 흔헌 귤두 하나 못 사온다네? 아, 제주도까지 갔다오면
서. 그 쌔구쌘 귤도 하나 못 사와?"
　남편은 자기의 방으로 들어간 뒤였고 나는 식은땀이 흘렀다.
(김성동, 『집』, 형성사, 1989, p. 295)

비용은 제한되어 있다. 어느 정도로 무엇을 할 것인가? 제
한된 비용에서 가족 중 중요한 사람을, 그리고 그들이 좋아
할 선물을 고르는 것은 여간 신경이 쓰이는 일이 아니다. 특
히 신랑 쪽 부모님의 선물을 고르는 것은 가장 어려운 일이
다. 신랑이든지, 신부이든지간에 결혼 생활에서 가장 중요한
사람이니까. 무엇을 고를까? 울진에서 온 신부와 인천에서
온 신부는 시어머니가 좋아하는 것을 미리 알아서 여행을 떠
나오기 전에 미리 사두어서 다행스럽다고 한다. 1994년에 하
와이로 신혼 여행을 간 신부는 시어머니가 사올 선물의 리스
트를 아예 작성해주었다고 한다. 이렇게 분명한 경우를 제외
하면(리스트를 작성해준 시어머니에 대하여 신부는 대단히 기분
나빠했다고 하지만), 선물을 고르는 것은 고도의 정치적 센스
를 요구하는 일이다.
　시대에 따라 선물에도 유행이 있다고 한다. 제주의 경우에
는 처음에는(1970년대) 제주를 알리는 '돌하르방'이 가장 인
기 있는 선물이었다. 제주도를 다녀왔다는 그 자체가 중요한
시절이었다. 1980년대에 들어서면 '눈에 확 들어오는' 액세

서리가 인기가 있었다고 한다. 17년 간 천지연에서 토속점 가게를 운영해온 주인은 그 액세서리는 수입품이었다고 말한다. 물론 계절에 따라 감귤·바나나·파인애플 등의 제주 특산품은 늘 인기 있는 선물이었다. 한 수녀원에서 나온 순모 스웨터가 한때 인기를 끌었다. 1990년대로 들어가면 단연 건강 식품이 최고의 선물로 자리를 잡는다. 해외로 간 경우도 마찬가지이다. 보약 문화가 퍼져 있는 시대이고, 자식을 결혼시켜서 새삼스럽게 나이를 의식하게 되는 부모님께 가장 무난하면서 실속 있는 선물이 된 것이다. 즉 실패할 확률이 적은 선물로 등장한 것이다. 선물 고르기에는 어느 정도 정형화된 관광 코스도 한몫을 하게 된다. 공항에서 만난 한 신랑은 제주 민속촌 상인의 능수능란한 말에 그만 넘어가서 제주 꿀을 살 수밖에 없었다고 한다. 안내 기사가 데려다주는 토속점 가게나 농원에서 선물을 사다 보면 서로 비슷한 선물 세트를 장만하게 된다. 제주의 관광지 일대에 자리잡은 쇼핑센터의 상인들은(17명 설문지 조사) 오늘날 가장 인기 있는 선물로서 꿀, 옥반지, 오미자, 돌하르방, 감귤, 양주, 건강 식품, 옥돔, 버섯, 제주 향수, 비누, 타월, 열쇠고리 등을 꼽는다. 물론 신혼 부부들도 그러한 선물을 주로 샀다고 말한다.

선물을 사는 것이 신혼 여행에서 자신들의 선택에 의하여 씀씀이의 크기가 결정되는 순간이다. 신랑·신부의 경제적 센스가 드러나는 자리이다. 앞으로의 결혼 생활은 바로 경제 생활이다. 절약형은 돈을 헤프게 쓰는 상대방을 만나면 눈앞이 캄캄해질 것이다. 반대로 상대방이 자신의 씀씀이보다 너무 적어서 '쩨쩨한' 인상을 받으면 역시 속이 뒤집힐 것이다. 왕과 왕비로서 서로 행복함을 깨뜨리지 않으려고 했던 여행길이 이 장면에서 급속히 '속'의 세계로 떨어진다. 신혼 부부들이 선물을 사는 것을 지켜본 사람들은 "왜 그렇게 비싼 것을 사느냐?" "돈을 펑펑 쓰느냐?" "그냥 사지 뭘 그러느냐?" "니 가족 것만 사느냐?" "내 것은 내가 낼 테니, 니 것은 니가 내라!" 등 가벼운 다툼에서 심한 싸움까지 번지게 됨을 보게 된다고 한다. 어떤 경우는 남자가 폭력을 쓰기도 한다. 설문지 조사를 한 17명의 상인들은 대체로 신부들이 알뜰하고, 신랑들이 잘 쓰는 편이라고 말한다. 여자는, 특히 주부는 살림을 알뜰하게 해야 하고, 남자는 '쩨쩨하면 안 된다'는 우리의 통념을 반영해준다. 물론 그 신랑이 평소에 돈을 잘 쓰는지 여부와는 상관이 적다. 적어도 신혼 여행 동안만은 신부에게 '쩨쩨하다'는 불평을 듣고 싶지는 않을 것이다. 상인들은 가끔 신혼 부부들이 '터무니없이 비싼' 선물을 덥석덥석 집는다고 한다. 보통의 고객들이 가격을 따져볼 때 신혼 부부들은 대체로 '세세한 것'은 따지지 않고 똑같은 물건을 많이 산다고 한다. 그럼에도 불구하고 상인들은 신혼 부부들이 지난날에 비하여 점점 선물을 적게, 그리고 실속 있는 것을 고른다고 한결같이 말한다. "아무리 권해도 싫으면 절대 사지 않거나, 토산품이 특별하지 않다면서 보기만 하고 가버리는 신혼 부부가 많아졌다"는 것이다. 제주의 특산품이 더 이상 특별하지도 않고, '바가지'라는 인상을 갖고 있기 때문일까? 이제는 아예 서울 남대문 시장에서 선물을 고르는 신부가 늘어나고 있다고 한다. 그렇지만, '선물 사기'는 여전히 신혼 여행에서 정치적, 경제적 센스를 한꺼번에 요구하는 일임에 틀림없다.

누가 경비를 지출하는가? 선물뿐 아니라 여행에는 경비가 들어가게 된다. 상인들이나 안내 기사들의 공통된 관찰에 의하면, 지난날은 신랑이 선물을 고르고 경비를 지출하는 것이 거의 대부분이었다고 한다. 지금은 신부·신랑이 의논해서 고르거나 신부가 물건을 고르고 흥정하면 신랑이 지불하는 경우가 여전히 많지만, 지난날에 비하여 신부가 지불하는 경우도 많이 늘어났다고 한다. 이제 연애 결혼이나 동거 후 결혼이 늘면서 경비를 신부가 내는 경우가 늘어났다고 전한다. 어떤 신부는 "칼로 자르듯이 반반씩 내요" 하기도 하고, '절값,' 즉 공동의 비용이라고도 한다. 설문지 조사에서 이미 선물을 산 경우만 보면, 신랑이 지불한 경우가 39번, 신부가 지불한 경우가 9번, 공동으로 지불한 경우가 12번이다. 신부가 전부 지불하는 경우는 여전히 많지 않지만 경비의 일부를 담당하는 경우는 많아지고 있다. 신부가 경비의 일부를 담당하는 경우가 늘어남과 동시에 신부의 입김이 더 강해짐은 당연한 일일 것이다. 신혼 부부를 가까이에서 대하는 사람들의 공통된 견해 중의 하나가 ‘신부의 힘이 세어졌다’는 것이다. 신부가 자기의 의견을 당당히 말하고, 선물을 고르고, 음식점이나 관광지를 결정하는 일이 점점 많아진 것이다. 안내 기사는 신랑·신부가 서로 의견이 맞지 않으면 신부의 의견대로 따라간다고 한다. 신랑의 뒤를 수줍게 따라다니기만 하던 신부를 아직도 기억하는 나이든 안내 기사들은 오늘날 신부들이 신랑을 앞서서 지시를 내리는 현상을 가장 큰 변화로 보는 것 같다.

누가 가족이며, 누가 비중이 큰 가족원이며, 무슨 선물을 고르며, 얼마나 지출할 것이며, 누가 그 경비를 담당할 것인지, ‘선물 사기’는 결혼이라는 제도로 들어가는 통과 시험이다. 이제 내 돈 네 돈의 구별이 없어져야 하고, 내 가족 네 가족의 구별이 없어져야 하는, 우리 가족을 만들어가는 문제가 제기된 것이다. “엄마가 보고 싶어요”라고 신혼 여행길에서 말하는 신부의 머릿속에 엄마는 더 이상 나의 가족이 아니라 친정 가족의 범주로 넣어야만 정답이 되는 시험 문제인 것이다. 아직도 낯선 사람을 ‘장인’ ‘장모’라는 어색한 이름으로 불러야 하며, 그들의 섭섭한 마음을 선물로 위로해야 하는 문제인 것이다. 내가 얼마나 시부모님의 마음에 꼭 드는 며

느리가 될 것인지, 그들이 원하는 선물을 안겨줄 수 있을 것인지를 테스트받게 된다. 또 내가 얼마나 관대한 남자인지를 내 아내에게 보여주는 시간이기도 하다.

신랑·신부들이 서로 자기 가족만 생각하느라고 많이들 싸우죠. 선물 살 때 가장 많이 싸워요. (제주도 안내 기사, 1996년 12월)

왜 니 가족 것만 챙기느냐, 장모님 선물은 그 정도면 됐어 등 뭐 선물 살 때 아옹다옹하죠. 갖고 온 비용은 한정되어 있는데 선물 사려면 다투기 쉽죠. (홍콩 현지 가이드, 1997년 2월)

선물 살 때 가장 의견 충돌이 많죠. 니 가족만 생각하냐는 등 말이 많죠. 심한 경우는 신부가 먼저 가버려요. (태국 현지 가이드, 1997년 2월)

이 어려운 시험에서 신랑·신부는 충돌하기 쉽다. 나의 가족과 너의 가족을 지키는 마지막 순간에서, 가족의 범위를 결정하는 순간에서, 나의 돈과 너의 돈을 구별하는 마지막 단계에서, 서로의 가족과 결혼의 정의를 다시 점검하게 된다. 내일이면 우리의 가족이 되겠지만, 아직은 내 가족이 머릿속에 완벽히 입력되어 있다. 20~30년 동안 자동 입력된 가족의 범위가 결혼식을 올렸다는 사실만으로 쉽게 달라지지 않는다. 내 가족을 이제 떠나야 하는 상황에서 더욱 내 가족을 지켜야 한다는 생각마저 나온다. 아직은 명목상으로만 존재하는 상대방의 가족을 위하여 내 돈을 쓰자니 아깝고 억울하다. 내일이면 우리의 돈이 되겠지만 한 신부는 홍콩에서 "내 돈을 쓰자니 아까워서 혼났다"고 한다. 제주의 여러 상인들은 신부가 "자기 돈은 안 쓰고 꼭 신랑의 돈을 뺏어서 쓰게 하는 경우를 자주 보게 된다"고 전한다. 반대로 요것조것 선물이며 장식품을 '내 돈'으로 사온 신부는 돌아오는 비행기 안에서 신랑으로부터 "돈을 마구 쓴다"고 경고를 받았다. 신부의 마음에 아직도 '내 돈'이지만 신랑의 마음에는 이미 '우리의 돈'을 신부가 낭비하고 있는 것이다.

4) 권력 투쟁

성(聖)의 세계에 있어야 할 신랑 · 신부가 속(俗)의 세계로 떨어지는 순간도 있다. 싸움이 그것이다. 싸움도 '선물 사기'의 정치학처럼 다시 되돌아갈 속의 세계, 즉 결혼 생활의 질서와 권력을 정립하기 위한 전략일 것이다. 물론 대부분의 신랑 · 신부는 싸움은커녕 대단히 행복해 보인다. 관광지의 곳곳을 두 손을 꼭 잡고 다닌다. 사랑스러운 눈빛으로 서로 쳐다보는 행복한 표정은 주위의 사람까지 즐겁게 만들어준다. 가끔 서로의 의견 차이가 있어도 '신혼 여행이니까' 생각하고 행복한 시간을 유지하려고 한다. 그런데 일부의 신랑 ·

신부는 사랑보다는 투쟁으로 새 질서의 확립을 시도한다. 1980년대 중반에서 후반까지는 거의 매일 호텔에서 신랑·신부의 치열한 다툼을 볼 수 있었다고 한다. 호텔에 들어서면서부터 신부는 사탕 부케를 집어던지면서 "부조금을 어떻게 했냐"고 언성을 높이고, 신랑도 맞서 고함을 지른다. 호텔의 곳곳마다 싸움이 터졌다고 한다. 호텔 직원들은 호텔 가구가 부서지는 것을 막으면서 싸움을 중재하느라고 정신이 없었다고 한다.

남자는 무조건 신부가 신랑 하는 대로 따라야 한다고 생각하고 여자는 그렇게 못 하겠다, 왜 당신 마음대로 돈도, 축의금도 다 쓰느냐, 뭐 그것은 여러 가지인데, 이렇게 싸우면서 여기서 싹 헤어지는 경우도 상당히 많아요. 객실 내에 들어가서 신랑·신부가 그 일을 해야 하는데 신부가 거부를 하는 거야. 처음이고 중매고 그러다 보니까 거부하고 앉아 있어서 도저히 안 되겠다 하고 싸움박질하고, 또 〔……〕 싸우는 이유는 서로 속았다, 시집 관계라든지 여러 가지 문제가 있을 것인데, 서로 안 맞는 것이 많았던 거죠. (제주시, 호텔 지배인, 17년 근무)

중매 반 연애 반 시절에다가 여자의 권력이 커져나가던 시기의 한 반영일 것이다. 신혼 여행은 결혼의 첫 단추 끼우기이고, 바로 이 초기에 상대를 잡아야 한다는 생각이 퍼져 있던 시기였다. 1990년대에 들어오면서 싸우는 일은 거의 없어졌다고 이 지배인은 전한다. 그럼에도 불구하고 서귀포의 한 호텔에서 1년 간 근무한 20대의 한 여자 직원에 의하면 1997년 최근에도 10쌍 중 2쌍 정도는 싸운다고 한다. 또 다른 호텔의 직원은 최근에 오히려 싸우는 부부를 더 자주 보게 된다고 한다. 구체적인 이유는 모르겠지만 결혼식 과정에서 생긴 문제로 호텔에 들어서면서부터 불편한 커플도 있고, 관광 여행을 다녀온 이후부터 '의견 차이로' 싸우는 커플도 있다고 한다(1997년 1월 공항을 나와 택시를 기다리던 중, 나의 바로 뒤에 서 있는 신부는 작은 소리로 계속 불평을 하고 있었고, 신랑은 주위를 의식하면서 "쯧쯧" 하는 말로 애써 분노를 삭이고 있었다). 이 싸움은 대절한 택시 안에서도 계속되는데 '결혼식장에서의 문제'에서부터 '음식점 선택' '목욕탕에서의 습관 차이' '벨 보이에게 주는 팁 액수'에 이르기까지 그 이유는 다양하다고 한다. 사소한 의견의 차이라도 자기 쪽으로 유리한 방향으로 권력을 패턴화시키려는 투쟁이 신혼 여행길에서 일어나고 있는 것이다.

태국에서 3박 4일 있는 동안 한 번도 태국 음식을 못 먹었어요. 단체로 간 신랑들이 모두 한국 음식만 먹겠다고 해서요. 신부들은 태국 음식을 먹어보자고 그랬지만요. (1994년 태국 여행, 신부)

몇 날 며칠 고민 끝에 기발한 생각이 떠올랐다. 신혼 여행지를 부곡 온천 쪽으로 잡고는 수영복을 골라준답시고 아내를 잡아끌고 수영복 가게로 갔다. 아무거나 골라잡고는 면도칼로 엉덩이 양쪽 부분을 십자로 슬그머니 그어놓았다. "이 수영복 어때? 아주 멋진데!" 하며 짐짓 그 수영복을 고르도록 유도했다. 〔……〕 미끄럼을 타고 온천욕을 즐기면서도 누가 볼까봐 아내 뒤만 졸졸 따라다녔다. 자꾸만 엉덩이 구멍이 커져가는 것을 보고 이쯤이 기회다 싶었다. 그리고 일부러 사람들이 많은 곳으로 데려가서는 큰 소리로 외쳤다. "신부 엉덩이에 구멍이 났대요. 바람이 들어가는 줄도 몰라요."〔……〕 아내는 내게 애원했다. 앞으로 시키는 대로 다 할 테니 시댁 식구들한테만 제발 이야기하지 말라는 것. 그 덕분에 난 지금도 아내의 극진한 서비스를 받으며 당당히 왕으로 군림하고 있다. (김혜영 엮음, 『재미있는 신혼 여행』, 1995, pp. 94~95)

싸움이 심해지면 더 이상 힘 겨루기가 필요하지 않는 상황으로도 치닫는다. 신혼 부부의 다툼이 커진 경우에는 신랑이 이미 자제력을 잃어버려서 양주병을 집어던지거나, 깨진 컵으로 배에 자해를 하기도 한다(1997년 1월, 호텔 직원 면담). 신부가 울면서 호텔을 나갈 때 신랑이 붙잡는 것으로 끝나면 다시 힘 겨루기의 장으로 돌아올 수 있다. 그러나 어떤 경우는 신부가 먼저 나가고(항상 신부가 먼저 나간다고 한다), 신랑이 나중에 체크아웃하기도 한다. 해외에서도 마찬가지이다. 선물 등의 이유로 신랑·신부가 다투면 신부가 항상 먼저 공항으로 떠나버린다고 한다(1997년 2월, 태국 현지 가이드 면담). 패키지로 왔을 경우 교통 수단이 어려운데도 불구하고 신부는 사라진다고 한다. 비행기 시간에 의하여 신랑과 공항에서 다시 만날 수도 있고, 신부가 한국으로 먼저 갈 수도 있다. 왜 신부가 권력 투쟁을 먼저 포기할까?

신부가 먼저 떠난다는 것은 자신의 의연한 결의를 보여주는 것일 수도 있다. 또한 한 단계 높은 권력 투쟁의 전략일 수도 있다. 또는 싸워서 이기기보다는 싸움을 피하는 것이 자연스러운 여자의 모습으로 길들여진 탓일까? 또는 아버지, 어머니의 싸움에서 어머니가 집을 나가는 우리의 문화의 한 반영일 수도 있다(1996년에 방영된 TV 드라마 「애인」에서 아내가 외도한 남편을 집 밖으로 내쫓는 장면을 그런 이유로, 즉 문화적 반항이기 때문에 많은 주부들이 좋아하지 않았을까?). 왜 신부가 먼저 떠날까?

어떤 경우는 신부와 신랑이 함께 호텔 문을 나가지만 일단 문을 나간 이후는 서로 다른 방향으로 가버리기도 한다. 다른 사람들에게 여전히 신혼 부부임을 과시해야 할 정도로 신혼 여행의 법칙은 지켰지만, 어쨌든 권력 투쟁의 장에서 떠나버린 것이다.

1) '신혼의 밤'

이제 관광은 거의 마지막 단계에 이르렀고, 공연도 마지막 피날레만 남겨두었다. 내일이면 마음과 사진에 추억을 담고 집으로 돌아갈 것이다. 돌아가기 전, 마지막 밤은 마지막으로 실컷 아쉬운 시간을 즐기면서 신혼 여행의 의미를 다시 새겨보고 싶어진다. 호텔에서 '허니문 시즌' 동안 월요일 밤 9시에 열리는 '신혼의 밤'('신혼 페스티발' '신혼 축제' 등 호텔마다 명칭이 다르다)은 바로 이러한 신혼 부부의 기분과 욕구를 충족시켜준다.

"몇 호실인가요?" 홀의 입구에서 호텔 직원이 물었다. 나는 다른 호텔에서 왔다고 대답하고 3만 5천 원의 입장비를 주었다. 나중에 알았지만 앞치마가 들어 있는 작은 상자와 행운권을 선물로 받았다. 이미 홀에는 약간 어두운 조명하에 신나는 음악이 울려퍼지고 있었다. 동그란 테이블에는 캐주얼 차림의 신랑·신부들이 자리를 잡고 있었다. 안내 직원이 한 테이블에 6쌍이 앉도록 자리를 배정해주었다. 서로 대화하는 신랑·신부가 가끔 눈에 띄기도 하지만 대부분 서로 다른 상대방과 대화 없이 앉아 있었다. 테이블에는 마주앙 작은 병, 와인 잔 두 개, 캔 맥주 두 개, 마른안주가 놓여져 있지만 손을 대는 사람은 거의 없었다. 신랑·신부는 대부분 세트로 옷을 입고 왔고, 신부의 올림 머리가 자주 눈에 띄었다. 손에는 반짝거리는 반지가 끼어져 있었다. 갑자기 아기 우는 소리에 모두들 그곳으로 시선이 집중되었다. 아기의 아버지로 보이는 신랑은 의자에 앉아서 남의 일처럼 쳐다보지도 않고, 아기의 어머니인 신부는 아기를 달래느라 쩔쩔매고 있었다. 몇 분 후, 집중된 시선 때문인지 우는 아기를 안고 신부와 신랑은 사라졌다. 도로 신나는 음악 소리만 실내에 가득하였다. 마이크를 든 사회자가 9시 반이 되어서야 나타났고, 행사는 시작되었다. (1996년 11월)

'신혼의 밤' 행사는 신혼 부부가 신혼 여행의 마지막 밤에 하고 싶은 일을 모두 압축시켜 정리해준다. 둘만이 하고 싶었던 의식, 사랑의 맹세, 결혼 의미의 되새김, 신나는 게임과 춤, 그리고 미래의 행운까지 전부 해결해준다. 제주의 한 호텔에서 열린 '신혼의 밤' 행사에서 오늘의 신혼 여행의 모범 답안을 다시 보게 된다.

의식: 공항에서 만난 한 서울 신부는 "양초라도 갖고 와서 둘만의 의식을 하고 싶었는데 하지 못해서 안타깝다"고 한다. 태국으로 떠난 한 제주 신랑도 "무엇이라도 둘만의 의식을 하려고 단단히 벌렀지만 하지 못함이 아쉽다"고 한다. 그런데 '신혼의 밤' 행사에서 그 둘만의 의식을 마련해준다. 사

신혼 여행의 마지막 밤. 신혼 부부들이 프로그램에 따라 다 함께 앞날을 위한 맹세를 하고 있다('신혼의 밤' 행사중).

회자의 명령에 의하여 양초가 전달되고 그 양초는 성냥이나 라이트에 의하여 빨간빛을 발한다. 사회자의 명령에 따라 신랑·신부는 고개를 맞대고, 두 손으로 서로 초를 잡는다. 사회자는 서로 눈을 맞추라고 다시 명령을 내린다. 잔잔한 피아노의 음률이 흐른다. 사회자가 대신 사랑과 행복을 기원한다. 가장 원하는 것이 무엇이냐고 사회자가 물어보자 "아들"이라는 대답이 신랑의 입에서 가장 많이 나왔다. 사회자의 기원에는 부모님 봉양, 아들 생산, 부부 사랑이 들어간다. 이

셋이 충족되면 신랑·신부는 행복해진다. 이 의식은 '신혼의 밤'의 마지막 순서로 사랑의 맹세를 함으로써 다시 반복된다. 사회자는 이 맹세를 모두에게 큰 소리로 복창할 것을 요구한다. 모두 큰 목소리로 따라 한다.

"서로 사랑하고, 서로 합쳐지며, 부모님 공경 잘하고, 아들·딸 낳는 데까지 낳고, 행복하게, 행복하게, 산다, 산다, 산다."

단둘만이 손가락을 걸고 할 사랑의 맹세로 머릿속에 떠올림직한 이 장면은 이렇게 공식화되어 있다. 실제로 제주에서 만난 여러 신랑·신부는 둘만의 의식을 따로 치렀다고 전하지는 않는다. 사회자가 만들어준 이 맹세는 금방 웃음으로 변한다.

"마지막 약속. 약속을 지킬 것을 믿습니다. 약속하시고, 다음번에는 이 자리에서 저와 함께 마주치는 일들이 없도록 하시고. 마주쳤다, 그때는 너 죽는 날이다!"

결혼이란?: 이 같은 의식이나 유사한 다른 행사에서 사회자가 생각하는 결혼의 의미를 추적해볼 수 있다. 또는 사회자가 생각하고 있는 오늘날의 신혼 부부들의 결혼관을 파악해볼 수 있다. 20대 후반으로 보이는 여자 사회자는 결혼을 이렇게 정의하고 있다.

"여러분, 우렁이가 새끼를 까는 이야기를 아십니까? 여러

분, 보잘것없는 우렁이는 새끼를 자신의 몸 안에다 낳는다고
그래요. 새끼는 자신이 커나가기만을 위해서 제 어미의 살을
조금씩조금씩 갉아먹으면서 자란다고 합니다. 이윽고 자신
이 다 커나갈 때쯤 되면은 어미는 빈 껍데기만 남아서 강물
하류로 둥둥 떠내려간다고 그래요. 여러분들도 그런 고귀한
사랑을 베풀 줄 아는 부모로서 살아가리라 믿습니다. 세상에
서 앞으로 개인이 아닌 하나로서, 한 가족의 일원으로서, 세
상이 필요로 하는 존재로서 살아가리라 믿습니다."

결혼은 결국 자식을 생산하여 부모가 되는 것이다! 눈부신
웨딩 드레스, 까만 턱시도, 고운 분홍 꽃치마, 황홀한 키스,
사랑의 눈빛, 장밋빛 환상이 아니라 바로 자식을 낳기 위하
여 결혼하는 것이다. 부모가 되기 위하여 결혼하는 것이다.
내가 부모가 되니까 우리의 부모를 먼저 잘 봉양해야 한다.
우리의 부모가 우리에게 한 것처럼 우리도 우리의 자식에게
베풀어야 한다. 이제 나는 없다. 가족만 있는 것이다. 영리한
신랑은 신혼 여행에서 가장 원하는 소망이 '아들'임을 이미
알아채고 있다. 신혼 여행은 바로 자식을 볼 수 있는 기회가
처음으로 주어지는 기간이다. 신혼 여행중 앞날을 설계하면
서 가장 많이 나눈 대화 중 하나가 '가족 계획'인 것은 결코
우연이 아니다.

21세기가 다가오는 이 시기에도 한 사회자의 머릿속에 그
려진 이 같은 결혼의 의미를 많은 신랑·신부들이 복창을 하

며 암기하고 있다. 결혼은 자식을 두는 것, 특히 모성을 요구하는 것이라는 가르침이 별다른 저항 없이 노련한 사회자에 의하여 반복되고 있다. 신혼 여행은 아버지가 될 준비보다 어머니, 가족을 위한 희생적인 어머니가 될 준비 과정인 것이다. 따라서 신혼 여행은 신부에게 더욱 중요한 의례가 된다. 1960년대, 신혼 여행이 관행으로 조금씩 뿌리를 내리기 시작하던 이때부터 오늘날까지 신혼 여행은 신부에게 더 많은 의무를 지우는 결혼의 문으로 들어가는 과정에서 '에너지 축적' 역할을 하고 있다. 1960년대 '마드모아젤'의 '공약수' 와 2000년대 신부의 '공약수'는 '가정 주부'의 꿈인 것이다.

집과 지인(知人)과 일상 생활에서 멀리 떨어져 그들은 마음껏 휴식을 즐기며 내일의 비약을 위한 무진의 에너지의 축적을 꾀한다. 그 동안 일생을 함께할 부부란 걸 충분히 실감하게 되는 신부는 생활 태도를 분망한 자기 중심으로부터 우리 중심으로 철저히 바꾸게 된다. 부모에게 손내밀 수 없는 우리의 옹색한 살림을 제대로 꾸려나가기 위해, 또는 셋방을 벗어나기 위해 살림꾼으로 돌변한 옛 '마드모아젤'은 일 원이 틀릴세라 가계부를 빈틈없이 기입하고 남편을 통제하고자 한다. 점심은 도시락으로 막걸리는 엄금. 〔……〕 '마드모아젤'의 공약수는 이렇게 야무지게 빈틈없는 가정 주부인지도 모른다. (조선일보, 「마드모아젤—신혼 여행편」, 1965년 3월 28일).

애정 표현: 지난날의 '마드모아젤'과 오늘날의 신부가 다른 것은 신부가 보다 당당하게 애정을 표현하는 것이다. 신혼 여행중에 신랑이 키스를 요구하자 부끄러워서 끝내 거절했다가 결국 이혼으로 이어졌다는 이야기는 이제 전설에 속한다. 신혼 여행은 둘만이 표현할 수 있는 애정을 다른 사람들에게 보여도 당당한 시간이다. '신혼의 밤' 게임은 신혼 부부가 서로 애정을 표현하도록 유도한다. 「사랑해 당신을」에서 나오는 43번의 '예'를 부를 때마다 키스를 하는 장면을 연출해낸다. 무대에 나온 신랑·신부는 모두가 보는 가운데서도 거침없이 43번의 키스를 한다. "정말로 하네" 하는 사회자의 농담에도 아랑곳하지 않는다. 신랑의 머리카락에 풍선 매달기, 가장 잘생긴 신랑 모셔오기, 노래부르기, 신랑이 자신의 옷을 벗어서 신부 입히기, 춤자랑 등의 각종 게임에 신혼 부부들은 열성적으로 참가한다. 애정을 표현할 수 있는 기회가 오면 신랑은 신부에게 장난스러운 얼굴을 해보이거나, 번쩍 안아주거나, 무릎에 앉혀주거나 포옹해준다. 이들은 게임에 따라 애정 표현을 훨씬 적극적으로 따라 한다. 그러면서도 주위의 신랑·신부와 구별되게 사랑을 표현하려고 한다.

상업주의: 신혼 여행의 마지막 밤 공연에도 상업주의가 빠질 수 없다. 맥주를 제외하고는 별로 먹지도 않는 안주 값이

3만 5천 원이다. 행운권 추첨은 그 호텔에 속한 토속점 가게의 20% 할인권, 호텔 숙박비 50% 할인권 등, 결과적으로 호텔의 장사를 돕는 것이다. "나머지는 니가 내라"고 말하는 사회자의 농담처럼 실제로 할인 후의 금액은 당첨된 부부가 부담해야 하는 것이다. 행운권 당첨의 사탕발림에 슬쩍 상업주의가 들어간다. 부탁을 한 적도 없는데 게임중에는 두 사진사가 펑펑 플래시를 터뜨리며 모든 신혼 부부의 사진을 찍고 있다. "소중한 추억을 한 사람도 빠짐없이 내일 아침에 찾아가세요." 신혼 부부는 값을 지불하고 사진을 빠짐없이 찾아간다. 신혼 축제의 행사 참가 비용은 또 올라가게 된다. 사회자도 돈을 내는 게임을 통하여 자신의 팁을 만들어낸다. 게임에 진 신혼 부부는 자기도 모르게 사회자에게 팁을 주게 된다. 신혼 여행의 성수기 때 매주 열리는 이 행사를 통하여 호텔은 패키지 상품으로 디시(D. C.)를 해준 객실 비용을 도로 거두어들이고 있다.

2) 마지막 꿈

결혼 전에도 여행을 함께 다녔지만, 신혼 여행은 달랐어요. 마음속으로 (남편이) 더 든든하고, 더 의지하고 싶고, 친해지는 느낌이었어요. (1995년 괌 여행, 신부)

보통 여행은 마음이 가볍고 즐기기 위한 것이지만 신혼 여행은 이제 어른이 된 거고, 책임감 등을 가지고 있으니까 기대도 되고 부담도 되고 그래요. (1996년 제주 여행, 신랑)

신혼 여행의 기대는 없었어요. 저는 좀 현실적이거든요. 그래도 같이 살 때와 지금은 다른 것 같아요. 그 동안은 헤어질 수도 있다고 생각하니까 마음이 불안했는데 이제는 확실해요. 이 사람도 이제는 남편인 것으로 여겨져요. 결혼했으니까 시어머니에게도 더 잘해드리고 남편에게 복종해야지요. 따라 하는 것이 시끄럽지 않고 좋아요. (1996년 제주 여행, 신부)

오늘밤이 지나면 나는 전혀 다른 사람으로 달라져야 한다. 그것은 어떤 의미에서의 변신이며 다시 태어남과 같은 것이다. 전혀 새로운 나로 탈바꿈하는 엄숙한 시간이었다. (김미순, 『신혼 여행』, 1977, p. 16)

'탈바꿈,' 신혼 여행의 마지막 꿈은 '탈바꿈'이 아닐까? 이제 연인이 아내 또는 남편으로 여겨지고, 어른으로서의 책임감과 의무가 생각나고, 미래의 가족에 대한 꿈을 갖게 되는 것이 아닐까? 5·16 도로를 당당히 걸어가보기도 하고, 진한 키스를 대낮에 해보기도 하고, 선물을 고르면서 서로 가족에 대한 재정의를 내리기도 하고, 다투기도 하면서 돌아갈 일상 생활을 생각해보는 것이 아닐까? 보통 여행과는 다른 신혼 여행이니까.

보통 여행	여유 있다, 편안하다, 몰래 속이고 간다, 눈 관광, 흥미, 놀이 위주, 가까운 곳, 당일치기
신혼 여행	둘만의 첫 출발, 공식적으로 인정된 여행, 동침, 일생에 한 번, 아내, 아이 부양 등 책임감, 앞날을 위한 준비 기간, 자연스러움, 낭만적, 사랑하는 사람이 함께 있는 것, 친숙한 느낌, 관광의 내용이 다름, 비행기를 탐, 눈에 뵈는 게 없다, 돈 따지지 않고 보냄, 재미있어야 한다는 강박관념, 추억을 남기는 것, 짐, 선물 등 거추장스럽고, 불편함, 바가지를 거부 못 함, 너무 피곤, 틀에 박힌 것, 시간 촉박, 포즈 구속

　　신혼 여행중인 신혼 부부가 내리는 신혼 여행의 정의는 불과 며칠 전에 내렸던 정의와 다르다. 여행이라는 형식은 같지만, 보통 여행과는 다름을 신혼 여행중에 확인하고 있는 것이다. 결혼 전에 한 여행은 가벼운 놀이를 위한 것이었다면 신혼 여행은 특별한 의미를 갖고 있는 여행이라는 것을. "공식적으로 인정받는 여행" 과정에서 더욱 친밀감을 느끼게 되고, "앞날에 대한 책임감" 등 '신분의 변화에 준비해야 하는 여행'임을 받아들이고 있다. 그리고 신혼 여행은 "짜릿

162

하고”“황홀한” 순간으로 이어지는 것이 아니라 정형화된 여행이라는 것, 그렇지만 동시에 신혼 여행은 “눈에 뵈는 것이 없고”“돈 따지지 않고 재미있게 놀 수 있는” 특혜의 기간임을 깨닫고 있는 것이다. “추억도 남겨야 하고”“재미있게 놀아야 한다”는 압박감도 어느 때보다도 강하게 작용하는 여행임을 인식하고 있었다. 기다림 속에서는 신비스러웠던 신혼 여행의 빛깔은 이 같은 과정을 거치면서 앞으로 달라질 신분 변화에 적응하는 차분한 빛깔로 변해가고 있었다. 관광을 통해 ‘자신이 생활을 바꿀 수 있다’는 점을 다른 사람들에게 보여줄 수 있는 시간이 가까워진 것이다.

이와 같은 관광은 종종 원래의 자기 위치를 오랫동안 비우는 것을 뜻하기도 한다. 이것은 일종의 자기 시험으로서, 개인들은 이 시험을 통해 자신이 생활을 바꿀 수 있다는 점을 스스로 입증한다. 전통 사회의 시죄법이나 정령 추구와 마찬가지로, 관광은 어떤 사람이 다른 사람들의 기대대로 새로운 신분을 취할 준비가 되어 있고 또 그럴 만한 능력이 있다는 점을 사회 집단의 나머지 구성원들에게 입증시킨다. (넬슨 그래이번, 앞의 글, 1987, p. 35)

달라져가는 마음은 신혼 부부의 대화에도 나타난다.

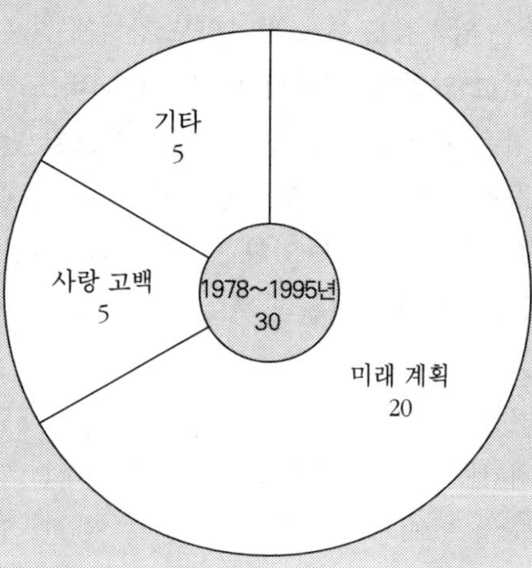

미래 계획, 가족 계획, 자녀 교육 (20)
사랑 고백 (5)
기타 (5) (둘 이상 나온 대답도 모두 포함함)

164

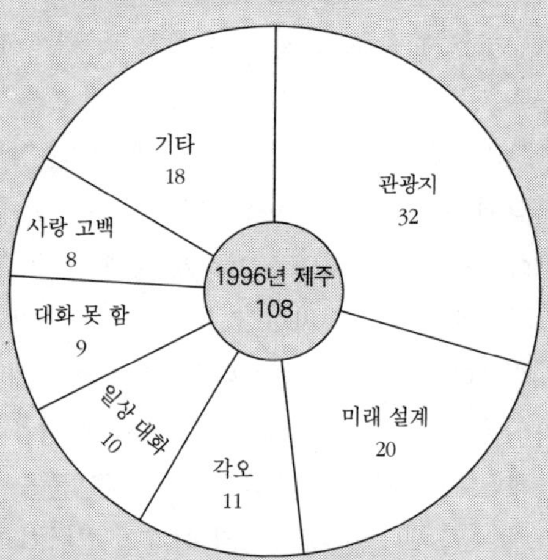

관광지(경치, 일정, 감상) (32)
미래 설계, 가족 계획, 자녀 교육 (20)
잘살자 등 각오 (11)
일상 대화(먹는 것, 기분, 돈) (10)
대화 못 함 (9)
사랑 고백 (8)
기타(유머, 사진, 친구, 다리 아픔 등) (18)
(둘 이상 나온 대답도 모두 포함함)

신혼 여행 동안 속삭이려고 했던 사랑의 대사도 잊어버리고, 첫날밤에 꼭 말하리라고 다짐했던 온갖 이야기도 생각나지 않는다. "연애 때와 똑같아요. 결혼한 것이 실감나지 않아요"라고 누구라도 대답하지만 자기도 모르는 사이 "자기야" 하고 부르던 호칭에서 가끔 "여보야" 하고 불러보게 된다. 사랑의 고백보다는 이제 앞으로 함께 살 먼 앞날이 더욱 중요한 시점에 온 탓일까? 1978~1995년 여행중 가장 많이 나왔던 대화의 내용은 "앞으로 어떻게 살까" 하는 앞날의 설계였다. 가족 계획, 직장, 자녀 교육까지 설계해보는 대사가 사랑의 고백보다 4~5배나 많이 나온다. 1996년 제주의 여행에서도 가벼운 일상 대화나 관광지에 관한 대화를 제외하면 앞날의 설계나 각오에 관한 대화가 거의 대부분을 차지한다. 마음은 이제 조금씩 신분이 달라질 이후의 살아갈 나날을 대비하고 있는 것이다.

공식적인 반려자에게서 새삼스럽게 발견되는 사실들도 미래를 위한 '탈바꿈'의 과정에 있는 마음을 반영한다. 신혼 부부에게 신혼 여행을 떠나온 이후 배우자에게 새롭게 발견한 것이 무엇인지 물어보았다. 신랑으로부터 가장 많이 나온 응답은 신부가 "더 예쁘다"는 것이다. 이미 자녀까지 둔 한 신랑도 "내 신부가 이렇게 예쁜 줄 몰랐어요"라고 감탄을 거듭하였다. 한편 신부는 신랑이 "더 듬직하다"고 느끼는 경우가 가장 많았다. 이 새삼스러운 발견은 사랑스러운 아내, 듬직한 남편이라는 오늘날 우리의 가족 이데올로기를 반영하고 있는 것은 아닐까? 예쁘고, 꼼꼼한 아내, 듬직하고 배려 깊은 남편, 우리가 기대하고 있는 아름다운 가족상이 아닐까? 신혼 여행에서부터 만들어나갈 그 행복한 가족의 꿈일 것이다. 달콤한 신혼 여행의 환상은 이제 행복한 가족을 만드는 꿈으로 전환되고 있는 것이다.

신랑	더 예쁘다(11), 꼼꼼(2), 따뜻, 적극, 애교, 사랑 확인, 편하다, 무게가 많이 나감, 연애시 생각과 다름, 잠이 많다(3), 말을 안 들음(2), 무드가 없다, 신비감 상실, 눈물이 많음, 잠버릇, 자세가 틀려짐, 없다
신부	따뜻, 배려(3), 듬직(5), 책임감, 내 사람, 멋있다(2), 너무 밝힌다, 편하다, 착하다, 술 잘 마심, 코 곤다(3), 뚱뚱하다, 말이 많음, 없다

신혼 여행의 마지막 밤의 꿈은 결혼에의 신비, 단란한 가족에의 환상으로 피어오른다. 관광 동안 성(性)과 성(聖)과 속(俗)의 공연을 하면서 새로운 신분을 맞을 마음을 다져왔

다. '신혼의 밤' 행사에서 다시 확인도 했다. 이제 신혼 부부
는 신혼 여행을 다시 정의하고, 상대방을 다시 바라보고, 앞
날을 위한 설계와 약속을 서로 다짐한다. 신혼 여행의 신비
는 결혼의 신비이며, 신혼 여행의 추억은 결혼 생활을 유지
시켜주는 비밀인 것을 이제 이해하기 시작한다.

5. 추억 만들기

I. 추억

추억 만들기. (모 여행사 광고)

안락한 패키지 여행보다는 좀더 짜릿한 추억을 만들기 위해 바다 속 체험 여행을 시도할 계획. (중앙일보, 1996년 10월 18일, 인터뷰 내용 중)

추억으로는 사진밖에 남는 것이 없어요. (1996년, 사진 기사 면담)

이것도 다 추억이 되겠지요. (1996년, 면담에 응해준 신랑)

신혼 여행은 일생 중 가장 아름다운 추억을 남길 수 있는 것 아니겠어요? (1996년 제주 신혼 여행중인 신부)

신혼 여행이 없어도 '추억'이라는 말은 사전에 있지만, '추억'이라는 말이 없었다면 신혼 여행은 사전에 없었을지도 모른다. '신혼 여행의 추억'이라는 말은 '신혼 여행의 꿈'이나 '신혼 여행중'보다도 훨씬 환상적이고 매혹적이고 강렬하다. 신혼 여행은 여행을 위해 가는 것이 아니라 신혼 여행이란 추억을 만들기 위하여 간다. 신혼 여행 일정의 하나하나는 추억을 위하여 꾸며진다.

추억이란 이미 지나간 것들을 다시 떠올리는 것이다. 미리 만들어볼 수도 계획할 수도 없는 것이다. 미래의 내 머릿속에 남아 있을지 떠오르게 될지 알 수 없는 것이다. 그런데 왜 신혼 여행은 추억을 만드는 과정으로 생각하는가? 현재를 즐기기보다 추억을 남기기 위하여 바쁜가? 지금보다 미래의 기억에 더 치중하는가?

바로 신혼 여행은 일생 중 가장 특별한 여행이기 때문일 것이다. 미혼에서 기혼으로 가는 여행, 아기를 가질 수도 있는 여행, 마음과 몸이 합쳐지는 여행, 결혼이라는 긴 미래의 길을 처음 떠나보는 여행. 그 첫 발자국을 남기고 싶다. 그리고 그 발자국을 먼 훗날 두고두고 돌아보고 싶다. 여행은 짧은 꿈이지만 '추억'은 시공간을 뛰어넘어 항상 내 마음속에 있는 것이니까.

내 마음속의 추억은 내가 언제나 되새길 수 있다. 내 스스로에게 말해주고, 친구에게, 친지에게 말해줄 수 있다. 추억은 '나도 신혼 여행을 갔다 왔음'을 '나도 너희만큼 멋진 경험을 했음'을 거듭거듭 상기시켜준다. 나도 나비 같은 옷을 입고, 그림 같은 장소에서 사랑을 서로 확인했음을 반추할 수 있게 한다. 추억은 "나도 갔다 왔어요. 멋진 신혼 여행을" 이라는 타이틀을 PC 통신의 '신혼방'에 띄울 수 있게 한다. 무엇보다 나도 사랑을 했음을, 사랑을 고백받았음을, 우리는 사랑했음을 영원히 간직하게 한다. 신혼 여행의 신비를 일생 동안 유지하게 만든다.

신혼 부부의 추억에의 꿈을 여행사의 상업주의가 놓칠 리 가 없다. '추억 만들기,' 미리 만들 수 없는 추억까지도 만들 어내면서 신혼 여행의 환상을 부풀린다. 사람이 사는 곳인지 신선이 사는 곳인지 알 수 없는 곳에서 사랑하는 그이와 함 께 보내는 시간, 그것도 온갖 새로운 경험으로 가득 찬 신비 의 시간, 상업주의의 유혹은 바로 '추억'의 유혹이다. 이제 '추억 만들기'는 더 이상 낯선 단어가 아닌 사랑의 속삭임을 미끼로 던지는 유혹이다. 추억을 만들기 위하여 미리미리 뚝 섬에서 스쿠버 다이빙을 연습한다. 추억을 만들기 위하여 여 행사가 제안하는 옵션 관광을 한다. 그리고 무엇보다 예정된 추억을 남기기 위하여 사진을 찍는다!

희미한 신혼 여행의 추억을 분명하게 남기기 위해서는 사 진이 가장 확실하다. 머릿속 기억은 점차 사라지지만 사진은 의연히 남기 때문이다. 사진이 없으면 추억도 없다. 신혼 여 행은 추억의 사진을 남기기 위하여 간다. 신혼 여행의 추억 은 사진을 통하여 다른 사람들에게 전달된다. "이게 내 신혼 여행 사진이야. 여기 있지, 너무 분위기가 좋아⋯⋯" 사진은 다른 사람들에게 그들의 신혼 여행의 행복함을 대신 전달해준다. 그리고 그 추억의 사진은 두고두고 볼 때마다 그때 그 순간의 장면을 더 아름답고 더 새롭게 상기시켜준다. 그래서 신혼 여행을 갈 때 가장 먼저 챙기는 것은 사진기일 수밖에 없다. 우리의 행복을 추억으로 남기고, 그 추억을 다른 사람에게도 정확하게 전해주는 사진기는 가장 중요한 신혼 여행 필수품이다. 이제 왠지 사진만으로는 불안해서 비디오까지 대동한다. 순간의 표정만이 아닌 움직이는 표정까지 아름다운 추억의 장으로 남기고 싶은 것이다. 비디오 속에 나오는 나는 늘 보는 TV 속의 영화처럼 주인공이 된다. 신혼 여행이란 제목의 영화에 나와 나의 배우자는 영화 속의 주인공처럼 눈부시게 비추어지는 것이다. 영원히 변하지 않는 아름다움과 순수함과 젊음을 지닌 애정 영화로서 결혼 생활 동안 내내 남는 것이다.

제주의 사진 기사에게 물어보면, 개별적으로 소개를 받아서 오는 경우는 바로 신혼 여행 앨범을 보고 사진이 마음에 든 것이 주된 이유라고 한다. 한 부부는 사진 중에서 특히 야한 포즈가 좋아서 그 사진 기사를 찾았다고 한다. 어떤 신혼 부부는 관광지 구경, 설명은 생략하고 사진 위주로 관광하기를 먼저 희망한다고 한다. 아예 여러 종류의 의복을 준비해

와서 관광지 곳곳에서 갈아입어가며 앞으로 남을 추억의 사
진 한장 한장에 온 신경을 쓰기도 하는 것이다. 한 기사는
"우리는 사진만 찍어주세요"라는 부탁을 받고 3박 4일 동안
내내 사진만 찍었다는데 기사 생활 중 최고의 팁을 받았다고
자랑한다.

신혼 부부들의 마음속에 남아 있는 추억은 그 사진 속에
남기고 싶었던 추억과 같을까?

신혼 여행은 4박 5일로 하와이에 다녀왔다. 하와이 신혼 여
행은 한마디로 '난장판'이었다. 여권, 비행기표, 호텔 키 등이
든 손가방을 택시에 놓고 내렸다가 겨우 찾은 일, 카메라를 바
닥에 떨어뜨려 필름에 빛이 들어가 혼비백산한 일, 돌아가는
비행기 이륙을 앞두고 선물로 산 값비싼 가방을 잃어버려 공항
내를 뒤지고 다닌 일 등 해프닝의 연속이었다. (『여성동아』,
1996년 7월, p. 658)

아차! 내가 어떻게 화장실을 사용했냐 하는 것도 중요한 일
이다. 신랑이 설사하느라고 화장실에 간 틈을 이용하여 1층 로
비에 내려가서 일을 보고 방에 들어와서 '답답해서 나갔다 왔
다'는 핑계를 대느라 그 신혼 여행은 악몽이었다. (『주부생활』,
1995년 6월, p. 327)

글쎄, 잘 기억이 안 나네요. (1994년 태국 여행, 신부)

이거 있지, 사진사가 뒤에서 다 하라는 대로 한 거야. (1974
년 제주 여행, 신랑)

강릉에서 밤 바닷가를 구경하러 갔다가 '손들어' 하는 바람
에 깜짝 놀랐어요. 간첩으로 오인받을 뻔했어요. (1984년 강릉
여행, 신부)

신부를 잃어버린 거요. 신부만 탔는데 다 탄 줄 알고 버스가
떠나버린 거예요. 택시를 잡아서 버스를 쫓아다녔는데 점심때
야 겨우 만났어요. (1980년 제주 여행, 신랑)

신혼 여행을 이미 다녀온 사람들이 특별히 기억하는 추억
은 만들어놓은 추억이 아니라 미리 만들지 못했던 추억들이
었다. 미리 꿈꾸지 않았던 일들이 오래오래 추억으로 남아
있었다. 만들어놓은 사진 속의 환상적인 포즈보다 '그렇게
시키는 대로 포즈를 취했다'라는 특이한 경험을 기억하고 있
었다. 신부와 키스를 해본 것보다 신부를 잃어버린 기억을
가장 오래 떠올리고 있었다. 첫날밤보다도 간첩으로 오인받
을 뻔한 것, 화장실을 몰래몰래 사용한 것 등, 환상과는 거리
가 먼 신혼 여행의 경험을 먼저 머릿속에 떠올리고 있었다.
미리 만들기는커녕 상상도 못 했던 싸움, 낙마, 병원 출입 등

이 앞으로 추억으로 남을 것으로 생각하고 있었다. 사진 속에 남기고 싶었던 '사랑'보다 "평소에 입지 못하던 옷을 입고 사진 촬영"한 그 자체가 오래 기억될 것으로 추측하고 있었다. 공식적인 '추억 만들기'의 추억은 사진과 비디오에 주로 남아 있었다.

"추억에 남을 만한 사건은 무엇이었습니까? 특별히 재미있었던 것은 무엇이었습니까?"
(귀향하는 신혼 부부에게만, 공항에서 물음)

돌낙지 먹은 것, 기사 아저씨의 귤 한 박스 선물, 나이트 클럽에서 논 것, 다른 커플과 논 것(해프닝), 단체 여행중 밤에 둘이만 보낸 시간, 말 타고 히힝힝, 사진, 평소에 입지 못하던 옷 입고 사진 촬영한 것, 호텔 행사 참여, 친절, 깨끗한 제주 공기, 바다, 갈대밭, 밀감밭, 천지연 야경, 첫날밤 싸운 일, 성산 일출봉에 가서 의견 충돌, 술 과음, 싸움, 비행기 내 사건, 신부의 화장실 출입(질림), 신부 머리 드라이 한 번에 4만 원, 말타다 떨어진 것, 밤 12시에 신부가 제주의료원에 실려간 것 신혼 여행의 기억은 오락가락하지만 사진은 한결같이 그 시절의 모습을 보여준다. 영화는 픽션을 실제처럼 실감나게 재현하려고 하지만, 사진은 그 순간의 실제 *reality*를 영원히 고정시킨다.[1] 사진 기술의 발달로 꽃 속에 얼굴이 피어나기도 하고, 구름 위에 사람이 둥실 떠 있기도 하지만, 사진은 여전히 환상이 아닌 그때의 실제가 기록으로 남는 것이다. 실제 중에서도 강조하고 싶은 단면들만 기록으로 남는 것이다.

그때의 실제는 시·공간을 뛰어넘어 언제라도 다시 볼 수 있다. '허니문 하우스'의 키스 신은 10년, 20년 뒤에도 집 안방에서 다시 볼 수 있다. 그리고 동시에 그 키스 신에 남긴 의미, 욕망을 다시 음미할 수 있다. 사진은 "이곳—현재 *here-now*와 그곳—그때 *there-then*"를 "비논리적으로" 연결시켜주는 역할을 하고 있는 것이다.[2] 사진을 보면서 사진 속에 남기고 싶었던 의식적·무의식적 욕망을 읽고, 해석을 내리는 것이다. 사진은 바로 '추억'인 것이다. 먼 미래까지 남기고 싶은 신혼 여행의 추억은 사진이 영원히 간직하고 있는 것

---

1) Julia Kristeva, *Language the Unknown*, New York: Columbia University Press, 1989.

2) Julia Kristeva, *ibid.*, 1989, p. 315.

이다.

사진은 말을 한다. 지난날의 단면과 욕망을 말하면서, 화합의 메시지를 전달한다. 여러 모양의 가족 행사 때 거의 반드시 사진을 찍는 것은 사진의 화합적 기능 때문일 것이다.[3] 신혼 여행 사진은 환상적인 이미지를 통해 사랑의 느낌, 가족 화합의 의미를 강하게 전달한다. 신혼 여행용 사진 포즈는 찍는 동안에도, 찍고 난 이후에도, 그 사진을 보는 동안에도, 부부임을, 이제 하나가 되었음을 거듭거듭 말해준다.

기사가 사진 찍는 데 어울리는 옷이며 루즈 색깔까지 미리 전화로 알려주었어요. (1996년 제주 여행, 신부)

우리가 이렇게 찍어달라고 기사에게 부탁했어요. (1996년 제주 여행, 신랑)

요즈음은 자연스러운 포즈를 주로 취하게 하지요. (사진 기사)

남는 것은 사진밖에 없어요. (1996년 제주 여행, 신혼 부부 및 사진 기사)

신혼 여행 사진. 누구라도 '아, 이게 신혼 여행 사진이구

---

3) Richard Jenkins, *Pierre Bourdieu*, London and New York: Routledge, 1992.

나'라고 말할 수 있을 정도로 대부분의 신혼 여행 사진은 보통 여행 때의 사진과 구별된다. 평소에 보기 어려운 배경, 화사한 옷차림, 부부의 사랑이 넘치는 포즈가 그러하다.

신혼 여행의 사진은, 추억을 위하여 만든 사진은 무슨 말을 할까? 남는 것은 사진밖에 없다는데 그 남은 사진은 무슨 말을 할까? 신랑·신부가 서로간에 사진을 찍어줄 때, 사진 기사가 신혼 부부를 위하여 고안한 포즈로 사진을 만들 때, 무슨 의미를 사진에 부여할까? 먼 미래까지 사진에 남기고 싶은 욕망은 무엇일까? 포즈의 기호학은 무엇일까?

제주의 관광지에서 가장 쉽게 볼 수 있는 신혼 부부용 포즈는 서로 마주보는 것(사진 1), 키스하는 것(사진 2), 신랑이 신부를 번쩍 들어 안아주는 것(사진 3), 같은 방향을 보는 것(대부분 신부가 손가락으로 방향을 지시한다. 사진 4) 등이다. 이는 분명히 가족용 포즈와는 구별된다. 가족이 오면 사진 기사는 앞자리에 남편과 아내를 앉게 하고 아이들은 그 주위를 둘러싸는 포즈를 만들어낸다. 사진 기사는 가족 사진을 위해서 평화롭고 화목한 분위기를 연출해내려고 한다. 그러나 신혼 부부용 포즈는 그러한 분위기 대신 '사랑' '환상' 그리고 '미래'라는 분위기를 만들어내려고 한다. 사진 기사가 의도적으로 그러한 분위기를 연출하려고 했든지, 무의식적이었든지, 단지 만들어진 포즈만 충실히 모방했든지간에 신혼 여행의 사진은 그러한 분위기를 보여준다. (내가 사진 기사에게 "왜 그러한 포즈를 만들었어요?" 하고 물어보았을 때, 대부분이 "글쎄요. 모르겠네요" "정해진 포즈대로 찍습니다" 또는 "보기 좋게 찍는 거죠"라고 대답하였고, 사진 포즈를 앞서 고안하고 있는 사진 기사만 "환상적으로 보이게 찍죠" "신혼 부부니까 앞날이 많아 보이도록 화면을 조정하죠"로 대답하였다.)

사랑, 환상, 미래는 바로 이미 결혼한 사진 기사들이 생각하는 신혼의 이미지이다. 신랑의 무릎에 앉기가 어색한 신부를 목이 쉬도록 소리를 질러 앉게 만들고, 신부를 기어이 울리면서도 신랑·신부의 키스 신을 만들어내는 것은 그들이 결혼했다, 사랑한다, 함께 행복한 미래를 살 것이라는 기사들의 환상의 반영이다. 그러한 기사들의 환상은 그들만이 아닌 바로 우리 모두의 결혼에 대한 환상일 것이다. 기사들이 사진을 통하여 투영하는 우리의 신혼 이데올로기의 이미지는 그렇게 나타난 것이다. 신랑·신부가 그러한 이미지의 포즈를 더 적극적으로 따라하든지, 명령에 순종하여 포즈를 취하든지간에 이제 그 포즈와 환상은 합의된 것이다.

사진 1*: 서귀포 천지연 폭포에 가면 가장 많이 볼 수 있는 신혼 부부용 포즈이다. 신랑과 신부는 마주보며 웃고, 신랑·신부의 손은 서로 겹쳐 있다. 기사가 만들어준 포즈임에도 불구하고 서로를 쳐다보는 사랑의 눈빛은 자연스럽다. 신

1

2

3

신혼 부부들이 '추억'의 사진에 남기고 싶은 욕망은
'사랑'이다.

4

5

6

그리고 또 다른 욕망은 '환상적 미래'이다.

혼 여행은 사랑이다. 둘이 함께하는 사랑임을 겹쳐진 손과 손이 말해준다. 겹쳐진 손들은 헤어짐은 결코 없는 둘이 하나임을 다시 전해준다(* 표시가 있는 사진은 사진 작가 겸 기사인 양찬선씨가 찍은 사진임).

사진 2, 3*: (2) "배꼽 밀착!" 사진 기사의 명령에 따라 신랑·신부는 서로의 배 부분을 맞댄다. 다시 "입술 밀착!"의 명령에 의하여 신랑·신부는 키스를 한다. (3) 억새밭의 호젓한 장소에서 신랑은 신부를 번쩍 들어 안아주면서 키스를 나눈다. 신혼 여행은 서로에게 성을 허락하는 첫 공식적 여행이다. 그리고 앞으로 펼쳐질 결혼 생활에서도 그 동안 공식적으로 금지되어왔던 성을 누릴 수 있다. 이러한 사진은 신혼 여행이 아니면 일생 동안 거의 찍기 어려운 장면이다. 우리나라 문화권에서 다른 사람들이 보는 앞에서 키스를 하고, 그것을 사진으로 남기는 것은 신혼 여행중이란 특권하에서만 가능하기 때문이다. 사랑과 성이 환상적인 이미지로 함께 담긴 사진은 바로 신혼 여행 사진이다.

사진 4*, 5*, 6*: (4) 신랑·신부가 한 방향을 보고 있다. 신부가 손가락으로 방향을 지시해주고 있다. 신부의 다른 한 손은 신랑의 손을 잡고 있다. 신부의 치마가 바람에 살짝 날리는 모양을 연출하면서 이 사진은 신랑·신부가 먼 곳을 함께 출발하는 이미지를 잘 보여준다. (5) 신랑이 신부를 업고

역시 먼 곳을 향해 가는 듯한 분위기를 연출하고 있다. 먼 곳으로 떠나가지만 신랑은 신부를 이끌고, 신부는 신랑에게 온몸을 의지하면서 웃으며 가고 있다. (6) 신랑·신부가 보트 타는 이 장면을 찍기 위해 사진 기사는 또 한 대의 보트를 타면서 뒤에서 찍은 사진이다. 바다 위에 난 물보라의 모습까지도 고려했다고 하는데, 가장 신경을 쓴 것은 보트의 위치가 화면의 오른쪽 아래에 나오게 하는 것이라고 한다. 사진 기사의 설명에 의하면 신혼 부부에게는 미래가 있기 때문에 앞부분이 많이 비게끔 찍는다고 한다. 반면 노인 부부를 찍을 때는 부부의 위치가 가운데나 왼쪽 위에 나오도록(즉 뒤가 많이 비도록) 찍는다고 한다. 이 사진 모두 신혼 부부는 앞날이 많이 남은, 미래를 중요시한 의미가 들어간 사진들이다. 그리고 그 미래는 밝고도 환상적인 느낌을 주도록 짜여져 있다.

사진을 찍는 동안, 또는 찍기 위해 포즈를 만드는 동안, 그리고 두고두고 그 사진을 보는 동안 결혼의 이미지는 만들어지고 각인된다. 우리는 사랑하며 성을 나누며 먼 미래를 함께 바라보며 걸어간다고. 먼 미래의 아름답고 행복한 결혼과 가정 생활을 위해 우리는 손을 맞잡고 함께 나아갈 것임을. 사랑은 모든 것을 극복하여 많은 앞날을 따뜻하게 밝혀줄 것임을.

움직이는 사진: 사진이 달라지고 있다. 비디오로 더 확실한 추억을 남기는 신혼 부부가 늘어감에 따라 사진도 움직이는 모양을 담고 있다. (사진 7) 신부가 나무 아래에서 혼자 책을 보고 있다. (실제로 기사가 신부에게 준 것은 책이 아니라 책 크기의 한 장의 종이일 뿐이다. 내가 기사에게 그 이유를 물어보자 기사는 "사진으로 보면 책처럼 보여요"라고 한다. 즉 책의 이미지를 만들고 있었다. '책'이란 이미지가 지식과 정보를 담고 있어서 미래를 위한 바탕이 되는 것으로 해석하고 있는 것 같다.) 컷. 다음 신랑이 들어와서 그 책을 들고 먼 곳을 가리킨다. 컷. 혼자서 책을 보는 여인에게 남자는 다가와서 함께 가자고 방향을 제시하는 스토리를 담고 있다. 이제 혼자서 정적 속에 있지 말고 내가 가리키는 저 미래로 함께 가자고 속삭이는 것이다. 사진에서도 비디오처럼 스토리가 진행되고 있다.

제주의 자연을 상품화하라: 신혼 부부의 얼굴에 초점을 맞추던 전형적인 신혼 여행의 사진에서 제주의 자연에 초점을 맞추는 사진이 늘고 있다. 해외의 자연 경관과의 경쟁이 시작된 것이다. 정방 폭포를 찍은 사진 8*, 민속촌을 보여주는 사진 9*, 그리고 바다와 오름(기생화산)을 함께 모은 사진 10*, 모두 제주의 자연을 상품화하고 있다. 신혼 부부는 얼

사진에도 이제 비디오처럼 스토리가 진행되고 있다.

8 9

10

제주의 자연도 이제 경쟁력을 높이기 위한 상품으로 등장한다.

굴도 알아보기 힘들 정도로 작은 모습으로 처리되고 제주의
'이국적'인 자연이 보는 사람을 압도하고 있다. "이게 어디
우리나라 같아요? 외국 같지." 이 사진을 찍은 사진 기사는
이렇게 사진을 소개했다. 제주의 '이국적'인 자연 경관의 특
징을 사진을 통해 극대화시킴으로써 괌과 하와이와 뉴질랜
드의 섬과 자연 경쟁을 하고 있는 것이다. 빛까지 고려하여
찍은 정방 폭포는 "나이아가라 폭포 같고," 민속촌의 초가집
은 전설 속에 잠긴 한 옛적 마을을 연상시키며, 바다와 오름
은 먼 외국 같은 느낌을 준다. 신혼 여행의 사진은 이제 신혼
부부의 추억만 남기는 것이 아니라 제주를 선전하는 팸플릿
의 역할까지 맡게 되었다.

6. 돌아가는 길

돌아오는 날은 기분이 엉망이었다. 시집살이를 6개월 간 하기로 한 탓이다. 사진을 찍어도 마음이 심드렁하고 어떻게 그 대단한 시어머니와 함께 살까 걱정이 태산 같았다. 한편으로는 남편이 그래도 잘 알아서 해주겠지 하는 희망으로 애써 위안해 보기도 하였다. (1984년 부산 여행, 신부)

돌아가는 날은요. 완전 죽을 맛이었어요. (1994년 하와이 여행, 신부)

어떻게 살지, 경제적인 것이 제일 불안했어요. 아무래도 시집 식구죠. 연애할 때부터 알고는 있었지만, 그때와 지금은 다르잖아요. 신경을 써야 하니까요. (1995년 괌 여행, 신부)

돌아오는 비행기 안에서 새 가족을 어떻게 부양해야 될지 그것이 마음에 걸렸어요. (1994년 태국 여행, 신랑)

선본 지 한 달 만에 결혼해서 잘 모르는 신부와 어떻게 지내

야 할지 염려가 되었습니다. (1984년 경주 여행, 신랑)

시부모와 같이 살게 되지는 않지만, 잘 모르는 시부모와 어떻게 지내야 될지 돌아가는 날은 마음이 무거웠어요. (1994년 태국 여행, 신부)

돌아가는 비행기 안에서 신랑이 경비를 너무 많이 썼다고 나보고 화를 내서 다투었어요. 이 사람과 앞으로 어떻게 살아야 할지 불안한 마음이 있었죠. (1994년 사이판 여행, 신부)

지쳤어요. 이제 시작이다라는 생각이 들자 두려웠어요. 시댁 식구를 만나야 하는데 불안했어요. (1994년 제주 여행, 신부)

엄마가 보고 싶어서 빨리 가고 싶어요. (1996년 제주 공항, 신부)

피곤해서 구경도 싫고 빨리 돌아가고 싶어요. (1996년 제주 공항, 신부)

아버지께서 아프셔서 신부가 돌아가면 고생을 할 텐데……
(1996년 제주 공항, 신랑)

돌아가는 길도 마음이 바쁘다. 불과 며칠 전 같은 장소로 오면서 가졌던 그 시원하고 홀가분하던 마음은 이제 "심드렁하고" "지치고" "걱정스러운" 마음이 된다. 엄마는 보고 싶고, 시어머님을 대할 생각으로 수심에 찬 신부, 새로 생긴 가족을 부양해야 되는 책임감을 느끼는 신랑, 환상적 의례의 마지막은 뭔가 불안한 현실에 대한 염려, 걱정으로 장식된다. 여행 동안 잊어버렸던, 잊어버리고 싶어했던 생각들이 다시 되살아난다. 어떻게 먹고 사나, 아픈 시아버지를 어떻게 병 간호하나, 결혼을 반대하던 시어머니를 어떻게 모셔야 하나, 사간 선물을 좋아하실까, 아직도 직업이 뚜렷하지 않은 신랑이 직장을 구할 수 있을까, 시댁 식구의 입맛에 맞게 음식을 만들 수 있을까, 저 성미를 고쳐볼 수 있을까, 나를 존중해줄까, 싸우지 않고 행복하게 살 수 있을까, 돌아가는 길의 마음은 착잡하다.

제주공항 3층, 제주를 떠나는 비행기를 기다리는 대합실에는 늘 신혼 부부를 볼 수 있다. 예복 차림, 정장 차림, 캐주얼 차림, 차림도 다양하고 기다리는 표정도 다양하다. 서로 웃으며 손장난을 치고 있는 부부에서부터 지쳐서 멍하니 앉아 있는 부부에 이르기까지 여러 모습을 보여준다. 아직도 못 챙긴 마지막 선물을 공항 쇼핑 센터에서 고르기도 하고, 비행기표의 시간을 다시 확인하기도 한다. 다른 많은 관광객들 사이에서 유난히 눈에 띄는 신혼 부부이지만 이제는 다른 사람들도 그들을, 그들도 다른 사람들을 별로 의식하지 않는다. 이제 더 이상 왕도 왕비도 아닌 보통 세상의 보통 사람으

190

로 되어버린 것일까?

　돌아가는 비행기 탑승 전, 환상에서 깨어나서 집으로 가는 것이 실감이 난다. 의례를 무사히 통과한 홀가분한 마음과 새로운 미래에 대한 기대, 걱정, 불안, 부담이 함께 스며든다. 하루라도 더 머물면서 이 특별한 시간을 갖고 싶은 미련은 있지만 빨리 집에 가서 다음에 치러야 할 일들을 정리하고 정착하고 싶기도 하다. 당장 닥칠 어른들에 대한 인사, 선물 통과 여부, 집들이, 그리고 이제 새 가족이 된 시집 어른들, 생계 문제가 마음 한구석에 자리잡고, 결혼식 이후 겪은 배우자에 대한 불만스러운 점이 다시 다른 마음의 한구석에 자리잡는다.

　돌아가는 길은 아쉽고, 허전하다, 돌아가기 싫었다, 행복이 끝나고 불행이 시작되는 것만 같다, 내 신부에게 더 잘해줄 것을 하고 후회도 되었다, 잘 마쳤다는 안도감도 있었지만 아쉬운 마음이 훨씬 컸다, 이제부터 시작인데, 잘 살아야지 각오도 해보았지만 돌아가기 싫었다

이제는 현실로 돌아가는 기분, 환상에서 벗어나는 것, 허탈하다, 이제야 살 것 같다, 좀더 놀다 갔으면, 서운하다, 시간이 있으면 더 있고 싶다, 아쉽다, 더 설렌다, 홀가분하다 한편으로 앞으로 살 것에 대해 부담스럽다, 앞으로 살 것이 걱정이다, 경제적 안정이 마음에 걸린다, 선물(마음에 드는 것이 없어서), 고생길에 들어섰다, 어른을 뵙고 인사할 것이 걱정이다, 앞으로의 일이 걱정이다, 열심히 살아야겠다, 빨리 집에 가고 싶다, 집이 최고, 그냥 피곤하고 집이 제일 좋은 것 같다, 집에 가는 게 좋다

돌아가는 길은 그 동안 '신혼 여행중이니까' 잘 관리했던 행복한 미소 대신 피곤한 표정, 걱정스러운 표정을 그대로 보여도 된다. 그 동안 '신혼 여행중이니까' 하고 참았던 불만을 조금씩 노출시켜도 된다. "왜 쓸데없이 돈을 써?" 물건을 고르고 있는 신부에게 말못하고 참았던 불만을 돌아가는 길에서는 비쳐도 좋다.

공항에서 신혼 부부들이 싸우는 것을 자주 보니까 결혼에 대

한 환상이 깨져서 별로 결혼하고 싶지 않아요. (1996년 11월,
공항 가게 직원, 1년 6개월 근무)

시집을 안 가려고 해요. 임신중인 신부도 많고, 살다가 오는
사람도 많고, 싸움도 많이 하고…… (1996년 11월, 공항 가게
직원, 15년 근무)

공항 대합실에서 주로 일하는 쇼핑센터 직원들은 행복해
하는 신혼 부부를 보기 어렵다고 말한다. 비슷한 나이의 호
텔 직원이 서로 애정을 나누는 신혼 부부가 부럽다거나 보기
좋다고 대답하는 반면, 공항에서 일하는 직원은 돌아가는 길
의 신혼 부부의 모습에 대해 실망스러운 눈길로 바라보고 있
었다. 관광지의 상인들 역시 신혼 부부의 다툼을 목격하기는
하지만 공항 가게의 직원만큼 심한 다툼을 보거나 결혼에 대
하여 부정적이지는 않았다. 돌아가는 길에서는 그 동안의 피
곤, 불평, 앞날에의 불안이 나타나게 된다. 공항 쇼핑센터의
한 직원은 사소한 싸움은 쉽게 볼 수 있고, 신랑이 신부의 따
귀를 때리는 장면도 보게 된다고 한다. "이혼하자" "도장 찍
자"는 큰 소리의 싸움도 벌어지곤 하는데 그럴 때면 "저러려
면 왜 결혼을 했을까" 하는 생각이 절로 든다고 한다. 물론
가장 행복해야 할 신혼 부부의 표정을 기대하는 그들에게,
특히 결혼을 앞둔 20대 초반의 그들에게 그렇지 않은 표정은

모두 '불행한' 모습으로 비추어지리라. 서로 웃으며 대화하는 부부나, 손을 잡고 있는 부부보다 싸우는 부부가 훨씬 눈에 잘 들어올 것이다. 그렇지만 다른 어떤 곳에서 일하는 젊은 여성들보다 이들이 신혼 부부의 행복에 대하여 부정적으로 보고 있다는 점이 흥미롭다. 결혼의 환상이 깨진 나머지 결혼 포기 선언을 하는 여성들이 유독 공항에서만 나타났다. 돌아가는 길은 오는 길보다 사랑, 낭만의 꿈이 사그라지는 것이다.

> 시댁 식구와의 만남, 양가 인사, 집들이, 선물이 취향에 맞을까 걱정, 장인 어른 등 신부집 식구들, 경제적인 문제, 부부 관계 — 앞으로 행복할까 등 걱정, 내일부터 (남편 또는 내가) 출근하는 것

신랑·신부의 교육이나 직업에 상관없이 돌아가는 길에서 가장 마음에 걸리는 사람으로 "(시)부모님"이라는 응답이 가장 많이 나왔다. 신랑에게는 자기의 부모, 그리고 신부에게는 시부모가 되지만 같은 사람을 가장 신경쓰고 있었다. 신

랑은 처가 식구보다도 그리고 신부는 자신의 부모보다도 압
도적으로 마음에 걸리는 사람은 시부모였다. 결혼이 아직 실
감이 나든 안 나든, 아직도 연애 기분이든지 아니든지간에
이미 신랑·신부는 가족 체계 속에서 가장 중요한 사람이 누
구인지 알고 있는 것이다. 셋집이라도 집 장만 등의 물질적
지원을 해주는 신랑의 부모, 신부와 사랑과 살림의 경쟁을
벌일 신랑의 어머니, 마음에 걸릴 수밖에 없다.

　신부가 시부모를 가장 어려운 존재로 생각하여 '어떻게 하
면 그들과 잘 지낼 수 있을까' '어떻게 하면 시부모의 사랑을
받을까' '최소한 미운덩이는 되지 않을까' 고민하는 것은 어
렵지 않게 이해된다. 시부모의 사랑은 바로 남편의 사랑과
이어지는 것이니까. 같이 살든 아니든 시부모는 신랑에게 가
장 영향력을 가지고 있는 사람이니까. 미래에도 정신적, 물
질적으로 가장 많은 도움을 줄 수 있는 사람이니까. 신랑에
게도 신부가 시부모와 잘 지내는 것이 염려된다. 한 신랑은
"신부가 어머니에게 잘해주었으면 좋겠다"고 거듭 강조하곤
했다. 다른 신랑은 만약 고부간에 갈등이 있다면 어머니 편
을 들기로 미리 각오하고 있었다. 기사들도 '신랑약'을 만들
어낸다. 눈치 있는 기사는 신부에게 '시부모에게 잘해드리
라'고 말하는 '신랑약'을 팔면 거의 대부분의 신랑은 기분이
활짝 펴진다고 한다. 신부와 신랑은 결혼함으로써 기존의 가
족 제도에 편입되었음을 보다 분명히 인식하게 된 것이다.

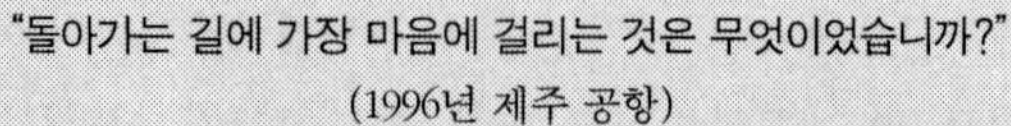

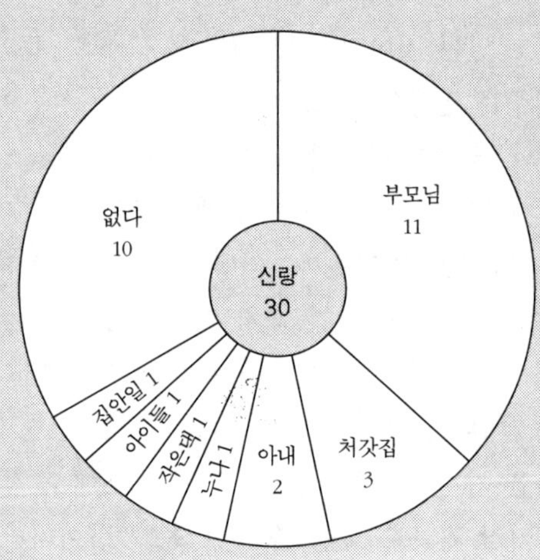

부모님 (11)

장인, 장모, 처갓집 (3)

아내 (2)

누나 (1)

작은댁 (1)

아이들 (1)

정리할 일(집안일) (1)

없다 (10) (아쉽다. 하루 더 있었으면,

걸리는 사람 없이 편안하다)

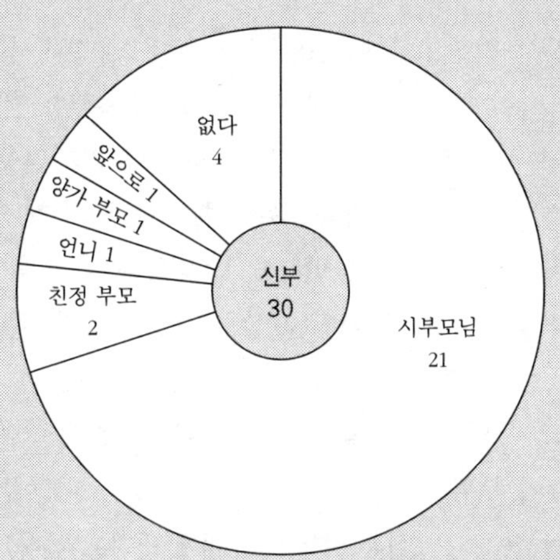

시부모님, 시어머니, 시아버지 (21)
친정 부모 (2)
언니 (1)
양가 부모 (1)
앞으로 잘 살아야 하는 걱정 (1)
없다 (4)

이제 신혼 여행을 마치고 결혼 생활을 막 시작하려는 길에서 가장 마음에 걸리는 사람이 서로의 배우자가 아니라 가족 중 가장 권력이 센 사람임을 알고 있는 것이다.

이제 일상 생활로 돌아가야 한다. 짧은 꿈길에서 다시 제 길로 들어서야 한다. 그 예전의 길보다 더 복잡한 제 길을 가야 한다. 회사에 다시 나가야 하고, 쉬었던 일까지 보충해야 한다. 자식이 독립할까 마음졸이는 부모에게 더 신경을 써야 한다. 손에 물도 묻히지 않았는데 밥짓고 찌개를 끓여놓아야 한다. 간신히 일어나던 아침 기상 시간을 적어도 한 시간 더 앞당겨야 한다. 이제 부모에게 쉽게 용돈을 요구할 수도 없다. 둘만의 수입으로 생활을 해내야 한다. 초과된 여행 경비도 자신들이 부담해야 한다(여행 경비 지출의 정도에 상관없이 신혼 부부들은 모두 '신혼 여행치고' 적게 썼다고 한다). 신부의 어머니에게 '장모님'으로 아부도 해야 한다. 말이 떨어지지 않지만 시어머니에게 '어머님'이라고 가능한 한 자주 불러드려야 한다. 그러나 사랑하는 배우자를 생각하면 더 열심히 일하리라. 분홍빛 새 보금자리에서 웃는 아내의 모습이 하루의 피곤을 씻어주리라. 알뜰살뜰 살림해서 새 집도 장만하리라. 그리고 예쁜 아가가 태어나면 얼마나 행복할까? 결혼 기념일이 되면 다시 이곳에 와야지. 그 호텔, 그 호텔 객실, 그 나이트클럽, 그 해변가를 거닐며 사랑을 확인해야지.

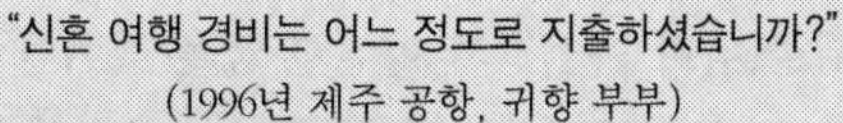

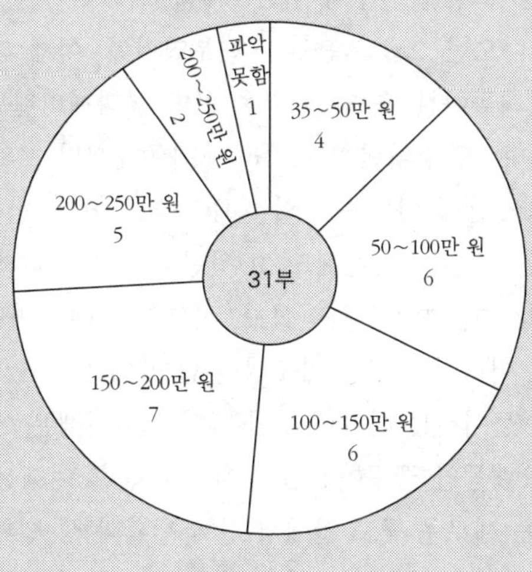

35~50만 원	4쌍	
50~100	6쌍	
100~150	6쌍	
150~200	7쌍	
200~250	5쌍	
250~300	2쌍	
파악 못 함	1쌍	
	(31부)	

신혼 여행을 떠나오던 날의 아련한 꿈을 접어둘 때가 되었다. 이제 더 이상 신랑이 아닌 '김서방' '이서방'이 되고, 이제 더 이상 눈부신 신부가 아닌 '새댁'이 되어야 한다. 신혼 여행을 떠나오던 그날은 순결한 신부였지만, 이제 다시는 그 시점으로 되돌아갈 수 없는 길을 이미 통과해버린 '새댁'이 되는 것이다. 딸이 아닌 며느리라는 가족에서의 지위가 주어지고, '미스 김'이 아닌 누구의 아내로 바뀌어진 것이다. 3박 4일의 꿈을 꾸는 동안 손에 들고 왔던 와인 바구니의 와인은 이제 비어지고, 과일은 사라졌고, 시부모, 남편, 가정이라는 처음 듣는 이름이 담겨진 바구니만 들고 있게 된 것이다. 결혼의 문에 들어서는 대가로 주어진 위로의 여행은 이제 끝난 것이다. 오랫동안 꿈꾸어왔던 무지갯빛 신혼 여행은 아내와 남편이라는 새로운 구도 안에서 경제 생활과 성 생활을 함께 하는 결혼이라는 장으로 자리를 내어주게 된 것이다. 아직은 그 미래가 어떤 모습인지 알 수 없지만, 막연한 기대, 희망, 불안 들이 교차된다. 돌아가는 길은 이렇게 현실이라는 미지의 세계로 들어가는 것이다.

신혼 여행을 떠나오던 날, 기대가 없었다고 고개를 살랑살랑 젓던 신랑·신부도 떠나가는 날은 여러 가지 감정이 뒤섞인다. 마치 첫날밤, 기대가 없다고 했지만, 막상 치른 후는 결혼했음을 다시 실감하듯이, 여행의 끝과 함께 새로운 신분이 됨을 피부로 느낀다. 떠나오던 날 입었던 예복, 잠깐 누렸던 화려한 금빛의 호텔, 고급 레스토랑, 주인공이 되어본 비디오 촬영, 특별한 기간에 특별한 세계에서 가졌던 신분의 상징들을 이제 벗어버려야 한다. 오래 꿈꾸어왔던 신혼 여행의 환상은 신랑님·신부님의 호칭을 더 이상 듣지 않게 되는 순간, 배웅하시던 부모님을 다시 보는 순간 추억이라는 이름으로 바뀌게 될 것이다. 그리고 그 꿈은 사진과 비디오에 남고 결혼의 기쁨과 회한을 되새김질할 앨범이 되리라.

　　신혼 여행 사진을 한 3~4년에 한 번 정도 본 것 같아요. 최근에 본 것은 막내딸이 초등학교에 들어갈 때쯤 보게 된 것이고요. 그때의 내 얼굴을 보면 지금과 같지 않아요. 그때는 참 순수했구나 하는 생각이 들죠. 신혼 여행의 기억은 평소에는 잘 나지가 않죠. 첫날밤 기억도 잘 나지 않는걸요. 그러다가 제주도로 놀러 오면 그때 간 한라산 등반길을 다시 올라가고 싶은 생각이 들어요. 지난번에 성산포에 가니까 "아 그때 우리가 여기서 전복죽을 사 먹었지. 다른 신혼 부부들이 시키는 대로 사진을 찍는 것을 보고 재미있어했었지" 하고 기억이 나더라고요. 우리 부부끼리 가끔 결혼 기념일에 제주도로 가고 싶다는 말은 하지요. 감회가 새로워서가 아니라 가서 감회를 만들어보고 싶은 거죠. (1984년 제주 여행, 신랑)

신혼 여행! 그때는 우리가 스타였지. 이도령과 성춘향 같았지. (1974년 부산/제주 여행, 신랑)

청소를 하다가 우연히 신혼 여행 사진첩이 보이면 청소고 뭐고 잊어버리고 몇 시간이고 사진을 봐요. 그 시절이 정말 좋았구나, 그때가 좋았구나 하는 생각이 절로 들어요. 나이가 들수록 오히려 신혼 여행 사진을 보면 더 새롭고, 와 닿는 느낌이 달라져요. (1974년 부산/제주 여행, 신부)

아빠는 신혼 여행 사진을 별로 보지 않지만, 엄마는 자주 보는 것 같아요. 그런데 엄마는 사진을 볼 때마다 "엄마는 지금은 이렇지만 그때는 참 예뻤다"고 매번 그래요. 또 "너희 아빠도 지금은 대머리이지만 그때는 참 멋있었다"고 되풀이해요. (1974년 제주 신혼 여행한 부부의 딸)

1988년에 결혼한 신랑은 자기의 신부가 신혼 여행 앨범을 매일처럼 보면서 즐거워하는 것이 신기했다고 한다. 본 사진을 또 보고, 또 보면서 "나 예쁘지? 이 사진은 잘 나왔다. 자기는 눈을 감았네" 등등을 거듭 하는 데 놀랐다고 한다. 이미 빼돌린 야한 사진은 가끔 밤에 '히히덕거리며' 보지만 신랑은 신혼초 이후는 거의 앨범을 볼 기회가 없었다고 한다. 아내는 결혼식 비디오, 신혼 여행 비디오도 친구만 오면 늘 틀어놓는데, "먼저 결혼한 친구 집에 가서 비디오를 보라고 하면 지겨워 죽을 뻔했는데, 애 그게 아니더라. 볼수록 재미있고 좋은 것 있지" 하면서 지겨워하는 친구들에게 자랑한다고 한다. 신혼 여행의 추억은 자신의 아름다움, 사랑, 결혼에 대한 기대로 한껏 자아 도취에 이르게 한다.

신혼 여행의 추억은 시간이 갈수록, 아이가 자랄수록 다른 의미를 만들어낸다. 부부 관계가 문제가 있을 때면 "그때부터 문제가 있었지" "어쩐지 그때부터 이상하더라니. 그래도 신혼 여행이라 참았는데" 하고 그때의 갈등을 다시 생각해낸다. 깜박깜박 건망증으로 나이가 의식될 때면 그 젊고 아름다웠던 생기가 다시 그리워진다. 몇 시간이고 앉아서 보고 또 보아도 다른 느낌을 준다. 다시 여행지를 방문하고 싶다. 다시 가본 여행지는 그때와는 다른 의미로 감회가 서리게 한다. 사랑의 의미가 달라지고, 가족의 의미가 새롭고, 나이가 들어감이 실감난다. 아이가 자라 함께 앨범을 보면서 "지금은 이렇지만 그때 엄마는 참 예뻤다. 아빠는 그때는 대머리도 아니었고 멋있었어" 하며 감회에 잠긴다. 아이가 신혼 여행의 환상을 꿈꾸어갈 때, 부부는 순수, 사랑, 젊음의 신혼 여행을 다시 신화화한다. 그 신화는 이제까지의 결혼과 가족 생활을 아름답게 착색시켜주고, 앞으로 남은 결혼 생활을 지속하는 데 힘이 되어줄 것이다.

비행기 출발 시간이 다가왔다. 신랑과 신부는 작은 가방을 들고 대합실에서 나와 탑승 수속을 밟는다. 처음 비행기를 탄 흥분은 이제 두번째 비행기를 타는 익숙함으로 가라앉아 있다. '비행장에서 택시나 공항 버스를 타고 신부집으로 가야지.' 다음 일정을 머릿속에 그려본다. 비행기에 올라 좌석을 확인한다. 비행기 아래로 다시 구름이 피어오르고, 바다의 푸른빛은 여전히 찬란하지만 이제 신혼 여행지를 떠나고 있는 것이다. 결혼 의례의 마지막 과정이 끝나고 있다. 돌아가는 비행기 안에서는 집들이, 방문 인사 계획 등 신혼 여행과 상관없는 결혼의 다음 단계의 이야기를 나눌 것이다. 그리고 도착하면 우리는 부부로서 양쪽 집을 오가며 인사를 드리게 될 것이다. 그 동안 혼자 자던 나의 침실에 이제 함께 부모가 보는 가운데 떳떳하게 머물 수 있게 될 것이다. 얼마나 대단한 변화인가? 불과 며칠 전 규수가 혼자 자던 방에서 그녀의 아버지가 보는 가운데 그녀와 같이 잘 수 있다니! 그리고 '새아가' '김서방' 하는 달라진 호칭을 들으면서 가까운 친척에게 신혼 여행의 선물과 사진을 보여드리게 될 것이다. 우리의 새 보금자리에서 결혼 생활을 이제 시작할 것이다. 이제 우리가 모든 결혼 의례를 마친 확실한 부부임을 한번 더 과시하면서 신혼 여행의 추억을 새김질해보리라.

그들이 타고 간 비행기는 또 다른 신혼 부부를 태우고 돌아올 것이다. 신혼 여행의 꿈과 함께. 나는 예비 신랑·신부에게 물어보았다. 신혼 여행을 어떻게 보내기를 원하느냐고.

아직은 막연하지만 한결같은 대답은 해외로 나가고 싶고, 호 젓하게 둘만의 시간을 갖고 싶고, 색다른 경험을 그 기회에 갖고 싶다는 것이었다. 아무도 없는 무인도에서의 낭만, 유 럽 배낭 여행 등, 신혼 여행의 아름다운 꿈은 여전히 살아 있 고 앞으로도 살아 있을 것이다. 지금 이 시간에도 은빛·금 빛 나는 고운 정장을 입은 신부와 말끔한 새 양복을 입은 신 랑은 '허니문 하우스'에서 사랑과 환상의 포즈를 잡으면서 추억을 만들고 있을 것이다.

나오면서

　신혼 여행은 왜 그렇게 신비스럽고 환상적인 경험으로 기대되는가? 왜 신혼 여행의 체험은 아름답게 간직되는가? 바로 신혼 여행은 신랑·신부 둘만의 사랑과 성(性)의 시간과 공간의 여행이기 때문일 것이다. 신혼 여행이 사적인 시·공간이라는 점은 그것이 사랑이나 프라이버시 *privacy*의 역사처럼 근대적인 산물임을 말해준다. 신혼 여행이 결혼 의례의 가장 신비로운 절차로 자리를 잡을 수 있었던 것은 낭만적 사랑, 개인의 선택이 중요시되는 새로운 결혼 형태와 교통, 통신, 숙박업 등의 여행·관광 문화가 확산되고 있었기 때문이다. 밀월의 여행은 결혼식 이후 집을 떠나 먼 곳에서 사랑과 성의 의례를 치를 수 있게 하는 '근대화'의 작품인 것이다.

　신비의 신혼 여행은 그 무대가 '전면'에 있지 않고, '후면'에 있으므로 더욱 신비화된다. 전면은 마치 한 집 안의 거실처럼 누구에게나 공개된 공간이며, 후면은 침실처럼 외부인에게는 개방되지 않는 영역이다.[1] 공개되지 않는 영역은 비밀이 없어도 있을 것 같은 신비스러움을 갖게 한다. 외부인은 그 감추어진 공간으로부터 일정한 거리를 유지함으로써 그 영역이 드러나지 않도록 협력한다. 신혼 부부는 모두에게 완전히 공개되는 결혼식 이후 신혼 여행과 함께 갑자기 사적인 공간으로 급전환하면서, 무대의 '전면'에서 '후면'으로 들어간다. 신혼 여행은 비밀스러운 무대 배후에서 가장 사적인 사랑과 성이 나누어지는 장이므로 신혼 부부는 신혼 여행에 대한 환상적인 기대를 갖는 것이다.

신혼 여행이 우리 사회에 들어온 역사는 짧지만, 신혼 여행은 오늘날 결혼 의례의 마지막 과정으로 확실히 정착되었다. 결혼식에 대한 집착처럼 신혼 여행에 대한 집착이 그것을 말해준다. 여러 사유로 신혼 여행을 다녀오지 못하는 경우, 두고두고 그 사실이 마음에 걸린다. 결혼 후 십 년이 지나도 '이것은 신혼 여행'이라는 단서를 달아서라도 여행을 떠남으로써 결혼 의례를 마무리지으려고 한다. 신혼 여행은 이제 '통과 의례'의 일부가 된 것이다.

'통과 의례'란 사람이 일생을 살면서 넘어가야 할 극적인 순간들, 사춘기, 결혼, 취업, 죽음 등의 순간들을 넘어가는

---

1) 어빙 고프만 Erving Goffman, 김병서 옮김, 『자아 표현과 인상 관리』, 경문사, 1987.

관문의 의식이다.[2] 반 겐넵 Arnold Van Gennep에 의하면, 통과 의례는 한 시공에서 다른 시공으로 넘어가는 과정인데, 아이에서 청년으로, 청년에서 어른으로, 또는 다른 영적인 세계로 넘어가는 것이다. 결혼 의례는 "권위적인 방법으로" 다른 사람들에게 신랑·신부의 지위와 이들의 권리, 의무를 공포한다.[3] 신혼 여행은 처녀·총각에서 아내·남편으로 넘어가는 통과 관문 중 마지막 문인 것이다. 비록 많은 하객들에게 신부·신랑이 이제 부부임을 공포한 결혼식이 끝났지만, 육체적 결합까지 완결되어야 온전한 부부로서 사회적인 승인을 받을 수 있는 것이다. 일상 생활로부터 벗어나서 첫날밤과 부부 연습을 마치고 오면, 그들 스스로 그리고 무엇보다 다른 사람들도 이들이 가정을 이룰 자격이 있음을 '공식적으로' 인정한다.

그러나 신혼 여행을 다녀온 사람과 다녀오지 않은 사람과의 '사회적 차이'[4]보다도, 신혼 여행의 성공과 실패에서 오

---

2) Arnold Van Gennep, *The Rites of Passage*, Chicago: The University of Chicago Press, 1960.

3) Pierre Bourdieu, *Language and Symbolic Power*, Chap. 4, Cambridge: Harvard University Press, 1994.

4) 부르디외는 '통과 의례'를 '제도 의례'로 바꾸어 부르면서 의례의 통과는 바로 제도적임을 지적하였다. 그는 '통과 의례'가 반 겐넵이나 터너가 이해하는 것처럼, 자연적이고 수동적인 것이 아니라, 의례에 의한 차이를 신성시하고 제도화하는 실천적인 것임을 강조했다. 즉 의례를 치른 사람과 치르지 못한 사람과의 차이, 치를 수 있는 사람과

는 주관적 차이가 결혼 생활에 더 중요할 수도 있다. 신혼 여행은 결혼 의례의 마지막이면서 결혼 생활의 첫 시작이기 때문이다. 마지막 의례에서 부부로서의 역할을 제대로 수행하지 못하면 그 결혼은 무효가 될 수 있다. 결혼의 첫 단추 끼우기가 잘못되면 앞으로의 결혼 생활에 어두운 전조로 작용할 수 있다. 신혼 여행의 실패는 앞으로 남은 인생의 행복에 걸림돌이 될 수도 있다. 바로 여기에서 신혼 부부가 실패할 확률이 낮은 여행의 코스를 떠나는 이유를 찾을 수 있다. 적어도 실패하고 싶지 않다는 욕망과 가장 아름다운 추억의 여행이 되어야 한다는 이데올로기와의 타협으로 많은 신혼 부부들은 정형화된 패키지 상품을 선택하는 것이다. 패키지 상품은 그 내용이 끊임없이 달라지면서 새로운 이름으로 포장되지만 신혼 부부들에게 공통의 '안정된' 경험을 제공하는 것이다. 여기에서 그 마술 같던 신혼 여행의 꿈이 그들에게 비슷한 경험을 갖게 하는 여행으로 바뀌어지는 것을 이해할 수 있게 된다. 무대의 '후면'에서 펼쳐지는, 아무도 모르는 비밀 여행은 사실은 누구라도 경험하고 경험하게 될 의례인 셈이다.

신혼 여행은 다른 의례처럼 '분리 *separation*' '전이 *transition*' 그리고 '재결합 *reaggregation*'의 과정을 거친다.

치를 수 없는 사람과의 차이를 부각시키는 것이라고 한다(Pierre Bourdieu, *ibid.*, 1984).

기존의 친족 집단에서 분리되어 전이 또는 '역치 단계
liminal'를 거쳐 다시 친족 집단과 결합한다. 터너 Victor
Turner가 가장 주목한 '역치성 *liminality*'이란 의례 전과 의례
후의 두 영역 사이에 위치하고 있으며, 어느 쪽의 특성도 거
의 나타나지 않는 유동적인 상태를 말한다.[5] 모호하고, 모순
적이고, 혼란스러운 양상이 이 과정에서 나타난다. 역치 기
간 동안 신랑·신부는 일상성에서 벗어나고, 이제까지의 신
분이나 지위에서도 벗어나며, 신혼 부부라는 마스크만 쓴다.
마스크를 쓴 신랑·신부는 신혼 여행 동안 결혼 이전의 행동
도 아니고, 결혼한 사람들의 행동도 아닌 '별다른' 행동을 한
다. 또한 다른 사람들도 그러한 행동을 기대하고, 용인할 것
임을 알고 있다. 신랑·신부는 이 별다른 행동에의 기대에
부응함으로써, 그들의 '공연'이 펼쳐지는 것이다.

　신혼 여행이란 하나의 공연 *performance*이다. 위에서 언급
한 통과 의례, 역치성, 사랑과 성 등이 공연으로서의 틀이 될
것이다. 이러한 틀 내에서 신혼 여행이란 연극은 타이틀은
같지만 등장인물에 따라 내용은 다양하고 늘 융통성 있는 공
연이 펼쳐진다. 터너에 의하면 의례의 공연은 사회 문화적

---

5) Victor Turner, *The Ritual Press: Structure and Anti-Structure*, Ithaca
and London: Cornell University Press, 1977; Victor Turner, *The Forest
of Symbols: Aspects of Ndembu Ritual*, Ithaca and London: Cornell
University Press, 1967.

컨텍스트 내에서 열리며, 여기에서는 '심포니'처럼 다양한 문화적 장르들이 표현된다고 한다.[6]

신혼 여행의 주제는 성(性)과 성(聖)이다. 다른 통과 의례와 달리 여기에서는 두 사람의 육체적 결합이 기대된다. 그리고 의례로서의 성(性)을 공식화한다. 성을 공식화하면서 신랑과 신부는 부부라는 사회적 승인을 받는다. 이 승인 과정 동안 합리주의적인 행동 이론으로 설명하기 어려운 '전도 의례'가 일어난다. 우선 시간, 경비를 초월하면서 갈 수 있는 가장 먼 곳을 선택하고, 평소에 잘 가지 않는 호텔에서 머물며, 과다한 일정을 계획하고 실행한다. 여행지 곳곳에서 일상의 세계에서 억압되었던 성애의 표현이나 '리미노이드' 행동이 펼쳐진다. 신랑이 신부를 업어주고, 입을 맞추고, 춤을 추는 연기가 자연스럽게 이루어진다. 신랑·신부는 익명성과 특권을 통해 신분의 벽, 성적 억압의 벽을 넘어간다. 이를테면 신랑·신부는 왕·왕비와 같은 일종의 성(聖)의 세계로 들어가는 것이다.

그러나 경계가 허물어지는 순간 다시 기존의 구조로 재편입하는 공연도 동시에 전개된다. '선물 사기' 등을 통해 신혼 부부는 기존의 가족 체계에 재편입하는 절차를 밟는다. 성(聖)과 다시 돌아갈 속(俗)이 만나는 것이다. 신혼 부부는 가

---

6) Victor Turner, *ibid.*, 1980.

족의 경계가 부계 혈족 중심으로 이루어지며, 가족 내의 위치에 따라 살아가야 함을 재확인해간다. 동시에 상호간의 적응, 갈등, 저항, 투쟁을 통해 앞으로의 결혼·가족 생활을 가늠해간다. 신혼 여행의 과정은 기존의 결혼과 가족 제도와 재결합하는 코스이기도 한 것이다. 따라서 신혼 여행은 사회 제도에의 적응과 역치성간의 관계가 역동적으로 펼쳐지는 성(聖)과 속(俗)의 공연이다.

신혼 여행이 끝나는 동시에 그 경험들은 '추억'이라는 이름으로 되살아난다. 사랑과 행복의 순간은 오래 기억되고, 진부했던 경험, 갈등의 시간은 걸러지면서 미화된다. 부부는, 특히 여자는 결혼 생활 동안 그 추억에 새로운 의미를 거듭 부여한다. 그 신화화 작업은 지금까지의 결혼 생활뿐만 아니라 앞으로의 생활도 원활하게 유지시켜줄 수 있을 것이다. 신혼 여행 동안 가능한 한 많은 추억을 남기고, 그 추억을 사진이나 비디오로 오래 간직하려고 했던 '추억 만들기'의 비밀이 여기에 있는 것이다. 사진에 남기고 싶었던 욕망은 결혼에의 환상이고, 추억의 재신화화는 결혼이라는 이데올로기의 일환인 것이다. 젊음, 사랑, 순수, 또는 희망으로 포장된 추억은 오랫동안 기다려왔던 신혼 여행의 꿈처럼 결혼을 재생산하는 이데올로기인 것이다.

제1영역: 한국 문학선

1-001   별(황순원 소설선/박혜경 엮음)

1-002   이슬(정현종 시선)

1-003   정든 유곽에서(이성복 시선)

1-004   귤(윤후명 소설선)

1-005   별 헤는 밤(윤동주 시선/홍정선 엮음)

1-006   눈길(이청준 소설선)

1-007   고추잠자리(이하석 시선)

1-008   한 잎의 여자(오규원 시선)

1-009   소설가 구보씨의 일일(박태원 소설선/최혜실 엮음)

제2영역: 외국 문학선

2-001   젊은 예술가의 초상 1(제임스 조이스/홍덕선 옮김)

2-002   젊은 예술가의 초상 2(제임스 조이스/홍덕선 옮김)

2-003   스페이드의 여왕(푸슈킨/김희숙 옮김)

2-004   세 여인(로베르트 무질/강명구 옮김)

2-005   도둑맞은 편지(에드가 앨런 포/김진경 옮김)

동참자를 찾습니다

　‘일상성의 뜻 찾기’의 기획 의도에 부응하는 좋은 원고를 보내주실 연구자를 찾습니다. 한국 사회의 구체적 일상에 근거해 삶의 의미와 바른 전망을 길어내고자 마련된 ‘일상성의 뜻 찾기’는 그 의욕의 크기와 참신함에도 불구하고, 추상적 이념을 벼리는 데에 오래 매진해왔던 우리 학문의 실제 환경이라는 험한 장애물을 앞에 두고 있습니다. 이 장애물을 건너기 위해서는 저희의 기획 의도에 공감하시고 동참해주실 분들의 도움이 절대 필요합니다. 얼핏 사소한 듯이 보이나 한국 사회를 실질적으로 구성하고 있는 일상의 구체적 단면으로부터 사유의 샘물을 퍼올려 그를 통해 보편적 삶의 의미를 밝혀줄 수 있는 글을 만드실 계획을 가지신 분들은 아래의 요건을 참조하시어 연구 계획서를 보내주시기 바랍니다. 투고된 계획서들은 ‘문지 스펙트럼’ 기획위원들의 심의를 거쳐 채택될 것이며, 채택된 분에게는 계약 내용에 의거해 소정의 인세를 드립니다.

1) 집필 분량: 200자 원고지 600~700매 사이
2) 연구 계획서에 필수적으로 들어갈 내용:
　　연구의 의도와 목표 / 연구의 방법론 / 책의 구성(목차) /
　　서문과 결론의 개요
3) 함께 보내주실 정보
　　연구자 인적 사항(성명, 학력, 경력, 저서 혹은 연구 논문)
　　연구자 연락처: 주소, 전화, e-mail 주소

보내실 곳:
(우) 121-210, 서울 마포구 서교동 363-12 문학과지성사,
‘문지스펙트럼’ 기획위원 앞
e-mail: mjline@unitel.co.kr
통신망: 천리안, 하이텔, 유니텔(id: mjline)